EMOCIONES
QUE CONDUCEN AL

ÉXITO

EMOCIONES
QUE CONDUCEN AL
ÉXITO

ENTIENDA EL PROPÓSITO
DE LAS EMOCIONES DE LA VIDA

HECTOR TEME

PRÓLOGO POR SAMUEL R. CHAND
AUTOR DEL ÉXITO DE VENTAS ¿QUIEN SOSTIENE TU ESCALERA"

WHITAKER
HOUSE

A menos que se indique lo contrario, todas las citas bíblicas son tomadas de la versión *Santa Biblia, Reina-Valera 1960*, © 1960 Sociedades Bíblicas en América Latina; © renovado 1988 Sociedades Bíblicas Unidas. Usadas con permiso. Todos los derechos reservados. Las citas bíblicas marcadas (RVR 1995) son tomadas de la versión *Santa Biblia Reina-Valera 95*®, ©1995, 2001 por American Bible Society. Usadas con permiso. Todos los derechos reservados. Las citas bíblicas marcadas (TLA) son tomadas de la *Traducción en lenguaje actual*, TLA, © Sociedades Bíblicas Unidas 2000. Usadas con permiso. Todos los derechos reservados. Las citas bíblicas marcadas (NVI) son tomadas de la *Santa Biblia, Nueva Versión Internacional*®, NVI®, © 1999 por la Sociedad Bíblica Internacional. Usadas con permiso. Todos los derechos reservados.

Edición: Ofelia Perez

EMOCIONES QUE CONDUCEN AL ÉXITO:
Entienda el Propósito de las Emociones en la Vida

ISBN: 978-1-62911-383-8
eBook ISBN: 978-1-62911-384-5
Impreso en los Estados Unidos de América
© 2015 por Héctor Teme

Whitaker House
1030 Hunt Valley Circle
New Kensington, PA 15068
www.whitakerhouseespanol.com

Por favor envíe sugerencias sobre este libro a: comentarios@whitakerhouse.com.

1 2 3 4 5 6 7 8 9 10 11 ᴜᴜ 22 21 20 19 18 17 16 15

DEDICATORIA

Quien ha traído a mi vida las mejores emociones…

Con quien he vivido los momentos más emocionantes…

A quien amo profundamente desde hace más de 25 años…

¡A Laura, mi apasionada esposa!

AGRADECIMIENTOS

Un agradecimiento especial a mi esposa Laura. Con ella aprendí a vivir una vida emocionante cada día y a no permitir que ninguna circunstancia, situación o persona pueda interferir en el compromiso de nuestro amor y en el compromiso de glorificar a Dios. ¡Gracias, Lore!

Quiero agradecer a mi familia, con quien he vivido las mejores emociones: mis hijos, Yasmín, Javier, Yael y Abigail, y mi primer nieto, Agustín. Con ellos disfruto emocionarme cada día y saber que se pueden vivir emociones que te conduzcan al éxito.

A *Whitaker House*, gracias por haber confiado en nosotros para este proyecto y por llevarlo a cabo con gran profesionalidad; y a Xavier Cornejo, su Director para habla hispana, por un trabajo espectacular de cuidado sobre el contenido, pero también de la relación con el autor. Sé que tengo en ti un amigo y esa amistad me enorgullece.

A Ofelia Pérez, editora apasionada, por el excelente trabajo de edición que ha hecho. Su cuidado en los detalles y su buscar cada día la mejor manera de decirlo han enriquecido notablemente este texto.

A Metodocc y todos sus colaboradores, representantes y asociados en diferentes países de Iberoamérica, por el esfuerzo cotidiano de ayudar a más y más gente a dejar de vivir la vida por lo que sienten, y comenzar a diseñar un futuro de emociones que te conduzcan al éxito.

A Javier Castillo, por haberme asistido y acompañado todos estos años en esta aventura emocionante de construir puentes para que otros puedan pasar de quienes son a quienes eligen ser.

A cada uno de los *coaches*, líderes, profesionales y organizaciones que confiaron en nosotros para sus procesos de *coaching* y desarrollo. Ellos nos han permitido crecer como coaches y también poder plasmar mejores experiencias, para que las personas puedan vivir con emociones que les conduzcan al éxito.

A cada uno de mis lectores que por años nos han acompañado en este deseo de generar espacios y contextos que ayuden a las personas a vivir una vida extraordinaria. Gracias por su compañía, por su apoyo, por sus comentarios, y porque juntos podamos ayudar a muchos a que tengan emociones que los conduzcan al éxito.

A Dios: gracias por haberme permitido, desde muy pequeño, amarte y emocionarme contigo, tu obra y tu incomparable Palabra.

CONTENIDO

PRÓLOGO

CORAZÓN, CABEZA, MANOS

Esa es la trayectoria de las decisiones y las elecciones que realizamos como seres humanos. El "corazón" es cómo sentimos; la "cabeza" es cómo pensamos; las "manos" es cómo hacemos y actuamos. En otras palabras, el "corazón" se trata de emociones, la "cabeza" se trata de intelecto, y las "manos" se tratan de realización. Emociones, después pensamientos, después acciones.

Por lo tanto, al trazar las acciones o inacciones (manos) de una persona, podemos remontarnos a cómo pensamos (cabeza) y finalmente a nuestras emociones (corazón). Así, es razonable que si estamos emocionalmente sanos, haya una elevada probabilidad de que un modo de pensar sano conduzca a respuestas y acciones positivas.

Las emociones son frágiles y comienzan formando impresiones, tanto negativas como positivas, temprano en la existencia y a lo largo de toda nuestra vida. Disfrute, decepciones, experiencias compartidas, satisfacción, afirmación, rechazo son emociones que dan color a nuestra vida. No son meros sentimientos; son consecuentes porque tienen mucha influencia en nuestros pensamientos y nuestros actos.

En su libro, *Emociones que Conducen al Éxito*, mi amigo Héctor Teme explora estos temas con gran detalle. Él nos ayuda a tomar decisiones reflexivas, sabiendo que no actuamos en un vacío, más bien siempre hay un contexto de corazón y cabeza en nuestras manos.

Las emociones sanas nos ayudarán a tener éxito en cuatro áreas cruciales de la vida: relacional, espiritual, física y financiera.

Todos los éxitos para los lectores de este libro.

Samuel R. Chand
Autor del éxito de ventas, *¿Quién sostiene tu escalera?*
(www.samchand.com)

INTRODUCCIÓN

Recuerdo el gesto en su rostro. Su sonrisa ya no estaba allí... asomaba en su rostro una mueca hacia abajo y lágrimas brotaban de sus ojos. Miraba a su esposa con un dejo de impotencia. Era un artista que amaba su profesión, pero los vaivenes económicos lo estaban minando. No se podía enfocar en crear, en ser, en dar lo mejor de sí. Estaba desanimado. **Las emociones lo tenían.**

...

Él era un músico de los mejores. Todos lo buscaban para estar en su banda. En esa sesión, mientras hablaba, sus manos temblaban y su ojo derecho le titilaba fuertemente. Era tan perfeccionista y tan pendiente del detalle, que en sus propias palabras lo cito: "Trato de planificar hasta mis errores". **Las emociones lo tenían.**

...

Lideraba a miles de personas en una iglesia en crecimiento, pero no podía relacionarse con las personas que tenía a su alrededor. Se angustiaba mucho a cada momento. Estaba por empezar a construir un edificio de millones de dólares y su estómago le pedía cada día que le rindiera cuentas. **Sus emociones lo tenían.**

....

Miles y miles acudían a ella. Era una empresaria de éxito. Todos los que la veían en el escenario veían a la mujer de éxito. Pero se sentía sola. Y esa soledad aparecía en forma de ira cada vez que alguien se animaba a pensar por sí mismo. Sus paradigmas de control aparecían en medio de las crisis, y el enojo explotaba en medio de sus declaraciones. A pesar de su gran amor por la gente, **las emociones la tenían.**

....

En estos últimos años he atendido como coach a cientos de personas con grandes habilidades, influencia en la gente, deseos de superación, ganas de lograrlo, pero sus emociones les tenían. No podían ir más allá en su efectividad o en sus relaciones porque sus emociones ocupaban un lugar preponderante en lo cotidiano.

He trabajado mucho con ellos. Buscamos juntos aprender cómo llevar adelante un modelo emocional que tenga que ver con estos tiempos, con las nuevas herramientas que este siglo nos permite ver, que nos permita disfrutar de la vida a pesar de las circunstancias, de las situaciones y de todo lo que ocurre a nuestro alrededor.

Creo fervientemente que Dios nos hizo con emociones para que ellas formen una parte importante en nuestra vida. Pero también sé que el mundo de la experiencia, el de "todo tengo que sentirlo", nos ha hecho perder de vista los propósitos originales de Dios.

Nos dijeron: "Controla las emociones" y no alcanzó... "Acepta las emociones" y no alcanzó... "Incluye las emociones" y no alcanzó... "Resiste las emociones" y no alcanzó. ¿Hay alguna manera de lograr que las emociones no me tengan y yo poder vivir y crecer con ellas? Sí. Durante años hemos ayudado a miles de personas en el mundo a descubrir quiénes eran y a elegir quiénes querían ser.

A través de *Metodocc* de *coaching* cristiano hemos podido ser una posibilidad para muchos, para alinearse con la voluntad de Dios para sus vidas. Sobre todo, hemos ayudado a hombres y mujeres de Iberoamérica a ser emocionalmente poderosos y que sus vidas consagradas o su éxito profesional no se vean empañados por sus emociones o estados de ánimo.

¡Cuántos líderes hay en el mundo que destrozan su éxito en un arranque de emociones reflejadas en ira, en adicciones o en alguna clase de locura! Hoy deseamos ayudarte a lograr ser el instrumento que Dios use para que hagas de las emociones el vehículo por el cual vivas la maravillosa y abundante vida que Dios diseñó para cada uno de nosotros. Permítenos, a través de este libro, darte las claves para vivir emocionado y eligiendo ser quien Dios te llamó a ser y tú has escogido desarrollar.

Primero debemos analizar dónde estamos, para luego ser capaces de elegir a dónde queremos llegar. Para eso, es clave comprender que el siglo pasado estuvo liderado por una búsqueda constante de la razón. El conocimiento y el saber primaban antes de cualquier acción. La célebre frase del filósofo René Descartes, "Pienso, luego existo", fue el modo de vida de toda nuestra cultura occidental. Sin embargo, el siglo XXI ha cambiado. No es un siglo mejor, sino un siglo distinto. En el milenio que vivimos, la era de la razón dio paso a la era de la relación, y el famoso modelo paradigmático "Pienso, luego existo" se convirtió, aunque nos pese, en "Siento y luego existo".

Hoy día todo pasa por la experiencia, por lo que sentimos, por cómo nos emociona o deja de hacerlo una persona, una circunstancia, nuestra relación con el mundo exterior. Llegamos al mundo global conectándonos más con otros por diferentes experiencias.

> "PIENSO, LUEGO EXISTO" SE CONVIRTIÓ, AUNQUE NOS PESE, EN "SIENTO Y LUEGO EXISTO".

Recordamos los años en que la euforia por el debate y la búsqueda de la razón movía multitudes. También recordamos con pena las separaciones entre familias o países por la persecución de ideales que, con los años, caían igual que pesadas estatuas. Parece que eso ha terminado por el momento, y que hoy día no tendríamos una movilización por la razón. Pero sin darnos cuenta, tendemos a algo que muta a la sociedad hacia nuevos modelos.

Creemos que del mismo modo que muchas personas se dejaron llevar por las reacciones que generaban el conocimiento y sus ideales, en estos tiempos muchos más aún se dejarán llevar por las reacciones producidas por lo que sienten, por la experiencia del momento, por su sentir íntimo y personal. ¿Será que estamos yendo hacia una manera de ser que nos haga protagonistas del versículo apocalíptico que profetiza que en el fin de los tiempos "el amor se enfriará"?

¿Podemos hacer algo con esto? Por supuesto que sí. Dios diseñó cada emoción y cada sentimiento para que los vivamos y disfrutemos de un modo especial, y no para que estemos envueltos en ellos sin saber qué hacer o cómo salir de ahí.

Hace unos días vi un correo electrónico de alguien que, más allá de sus fundamentos, se notaba que estaba cargado de enojo. Mientras preparaba el manuscrito de este libro, pensaba cuánta gente hay en el mundo que se deja llevar por sus emociones y no por sus elecciones; cuántas personas viven entregadas a la pasión, gobernadas por los sentimientos, llevadas por una manera de ser de estímulos sensoriales. Y no pueden percibir que precisamente por dejarse gobernar por sus sentimientos, sus relaciones dejan de ser poderosas.

¿Cuántos hay que sus emociones controlan sus relaciones, que si se sienten bien se llevan bien, pero que si algo les hace sentirse mal se relacionan desde allí? No hablamos solo de niños inmaduros, sino de líderes, empresarios, personas influyentes que si no sienten emociones extremas o descontroladas, si no accionan en base a sus enojos o su ira, creen que no vivieron. ¿Queremos que el enojo sea nuestro dueño? ¿Deseamos que la angustia nos aconseje?

¿QUEREMOS QUE EL ENOJO SEA NUESTRO DUEÑO?

Nos hemos encontrado a lo largo de estos años con personas que son muy poderosas en su manera de hablar, o con funciones de liderazgo sobre muchos otros, pero son inestables emocionalmente. Cualquier circunstancia que sea un estímulo emocional para sus vidas la hacen propia y la toman como la verdad absoluta de la cual elegir el resto de las acciones. Por eso muchos de ellos no han logrado resultados poderosos.

Es el tiempo para ir al siguiente nivel de nuestro modelo relacional, y las emociones son clave en el desarrollo de llegar a ser quienes elegimos ser. Tú puedes intervenir en tus emociones y cambiarlas para lograr el resultado deseado, de manera que, además de describir lo que pasa, tengas la posibilidad de elegir qué quieres que pase y ayudar a los demás para que lo hagan. Al intervenir en las emociones, llegarás al estado de ánimo deseado, pues estos son contagiosos, haciéndote protagonista y no víctima de la situación que vives.

Este nuevo modelo te dará la posibilidad de intervenir en las emociones;

no solo aceptarlas, incluirlas o controlarlas, como nos han enseñado, sino intervenir en ellas. Esto te permitirá ver lo que hasta ahora no viste y lograr un resultado extraordinario.

Después de leer el libro *Emociones que Conducen al Éxito*, tendrás la capacidad de:

- Intervenir en las emociones, de modo que las mismas estén alineadas con la visión deseada.

- Tener la posibilidad de contagiar emociones positivas a tu entorno.

- Reinterpretar las emociones y no controlarlas.

- Lograr que las emociones sean un espacio de bendición y no un lugar desde donde decides acciones.

También aumentarás tus habilidades en las áreas que hacen exitoso a un líder:

- Flexibilidad - Lograrás adaptar tu estilo a los cambios en la cultura organizacional y ser capaz de cambiar en respuesta al feedback o retroalimentación. Estarás más dispuesto a escuchar y a aprender.

- Vínculos - Serás menos crítico e insensible, y podrás dejar de sufrir las consecuencias de alienar a quienes trabajan contigo.

- Lograrás establecer vínculos genuinos.

- Autocontrol - Generarás una gran capacidad para trabajar bajo presión y no tender al aislamiento o a los estallidos de ira. El libro será de ayuda para aquellos que antes perdían la compostura, la calma y la confianza en situaciones de crisis o de estrés.

- Responsabilidad - Podrás dejar de reaccionar frente al fracaso y las críticas en forma defensiva, negando, escondiendo o culpando a otros. Aprenderás a hacerte cargo de tus errores y corregirlos.

• Habilidades sociales - Aprenderás a demostrar empatía y sensibilidad. Si usualmente eras cáustico, arrogante y propenso a intimidar a tus subordinados, desarrollarás estrategias humanas que te llevarán al triunfo.

• Respeto y cooperación - Si eras incapaz de construir una red de relaciones de colaboración, después de profundizar en el libro podrás hacerlo de manera efectiva.

Es un excelente tiempo para ir juntos hacia el resultado extraordinario con la bendición de Dios, disfrutando el proceso. Para eso debemos ver más, ser más, relacionarnos mejor y lograrlo. Ese proceso de vivir y ser una posibilidad con emociones intensas alineadas con la visión, como marco para tu íntima, vital y estrecha relación con Dios, hará de cada uno de nosotros cristianos comprometidos que otros buscan imitar.

Emociones que Conducen al Éxito te ayudará a vivir intensamente, no por reacción, sino por elección. En este libro exploraremos lo que nos sucede, pero más aún, trabajaremos juntos para poder vivir una vida llena de emociones, pero también llena de elecciones. Te invitamos a caminar en esta aventura emocionante.

CAPÍTULO 1

LAS EMOCIONES LO TUVIERON

E saú era el hijo mayor: ¡el primogénito! Era un gran cazador y le encantaba estar en el campo. Por eso Isaac lo quería más. Tenía un hermano llamado Jacob, que era más tranquilo y prefería quedarse en la casa. Por eso su madre lo quería más.

Un día, Jacob estaba preparando un sabroso plato de comida. En eso llegó del campo Esaú, con mucha hambre, y le gritó: "¡Me estoy muriendo de hambre! ¡Dame ya de esa sopa roja que estás cocinando!". Por eso a Esaú se le conoce también con el nombre de Edom ("rojo" en el idioma hebreo). Jacob le respondió: "Dame tus derechos de hijo mayor y yo con gusto te daré de mi sopa". Esaú exclamó: "¡Te los regalo ahora mismo, pues me estoy muriendo de hambre!".

Jacob le exigió a Esaú renunciar, bajo juramento, a sus derechos de hijo mayor. Esaú se lo juró y Jacob le dio un poco de pan y de la sopa de lentejas que estaba preparando. Esaú comió y bebió. Luego se levantó y se fue sin darle importancia a sus derechos de hijo mayor, según leemos en el libro de Génesis 25:24-34 (TLA).

Cada vez son más las personas que conozco que por entregarse a vivir una emoción hoy, dejan de vivir la bendición de mañana. He visto con pena, mucho más en medios cristianos, a personas que se dejan llevar por lo que sienten, por lo que ven o por lo que viven, y de ese modo dañan relaciones y congregaciones enteras. Aunque cada día nos sorprende ver a más y más gente así, estos modelos tienen su abanderado en las Escrituras: Esaú.

En el mundo de hoy, lo que se ve, se siente y se toca se impone contra lo que trasciende, lo que fluye, lo que te eleva.

Así fue el caso de Esaú. Tenía su futuro asegurado. Él tenía el derecho a la bendición de Dios. Era un derecho adquirido. Nada debía hacer para ganarlo. Ya estaba allí. Venía con el solo hecho de nacer. Era un derecho que traía prosperidad para él y para su descendencia.

Imagínate en esa situación, con un gran futuro por delante. Sin embargo, por no tener una visión, algunos creen que el presente que viven es mejor que el futuro que sacrifican. Cuando Esaú sacrifica su primogenitura, lo hace porque menosprecia su futuro, su propósito, el diseño de Dios para su vida.

Es bueno preguntarme... las actividades que estoy realizando, las situaciones por las que estoy pasando, las emociones que dejo que me tengan, ¿sacrifican mi futuro por el placer del momento? El modelo de emociones momentáneas que te tienen hace que muchos sacrifiquen el futuro por el placer del momento.

LAS EMOCIONES QUE DEJO QUE ME TENGAN, ¿SACRIFICAN MI FUTURO POR EL PLACER DEL MOMENTO?

El primogénito tenía los mejores derechos de un hijo de alguien importante. Cuando muriera su padre sería el jefe; recibiría doble porción de la herencia. Sería el jefe de la adoración. Era una posición de gran responsabilidad y de gran oportunidad porque no solo él era bendecido, sino también sus hijos y los hijos de sus hijos. Es lo más valioso que pudiera llegar a tener.

Debido a su actitud y cómo valoró su oportunidad, estuvo dispuesto a perder su primogenitura por un plato de lentejas. La gente con un sentido erróneo de valores toma decisiones por el placer del momento o por cubrir su conciencia vacía.

Otra razón por la que la emoción nos tiene y sacrificamos nuestro futuro es cuando nos rigen los apetitos y no el Espíritu de Dios. Yo veo a Esaú diciendo: "¡Dame ahora mismo!". Él veía la sopa, olía la sopa, quería sentir la sopa.

Lo que se ve, se siente, se toca, se impone contra lo que trasciende, lo que fluye, lo que te eleva…

Recuerda que uno de los frutos del Espíritu es la templanza. Él podía haberse entregado al Espíritu de Dios. Podía haberse dicho: "No puedo jugar con mi futuro, con todo, con querer tocarlo, probarlo". Él debería haberse dicho: "Ni siquiera debo estar allí". Permitió que lo gobernaran sus emociones y no sus elecciones.

Muchos están como Esaú cuando las emociones lo tuvieron. Son personas que sacrifican su futuro por demandar la satisfacción inmediata. Al tomar algo fuera del tiempo de Dios, quizás lo obtengamos, pero en cualquier momento se volverá cenizas. Nos dejamos tomar por la sensación, el estómago crujiendo de hambre, la adrenalina agitada por el peligro, o todo el cuerpo temblando por lo que puede suceder… y permitimos que suceda.

> AL TOMAR ALGO FUERA DEL TIEMPO DE DIOS, EN CUALQUIER MOMENTO SE VOLVERÁ CENIZAS.

Las emociones también nos tienen cuando sacrificamos nuestro futuro, si nuestro enfoque está en lo temporal y no en lo eterno.

A Esaú lo único que le importaba era lo que veía, quería y olía: un guiso. Rápidamente hizo a un lado la primogenitura que no podía sentir, tocar ni ver. En ese momento, solo veía el guiso. Dijo "no" a la herencia espiritual que sería suya y al tipo de impacto que generaría en las generaciones futuras, por enfocarse en lo temporal, en lo pasajero, en el momento.

Piensa en el diseño de tu visión: ¿Es una decisión eterna o temporal? ¿Cuánto tiempo durará? ¿Qué efecto tendrá?

¿Qué emociones te tienen? Ten cuidado con el hambre... cuidado con el enojo... cuidado con la soledad... cuidado con el cansancio...

Cualquiera de ellas puede darnos una excusa para buscar tener una emoción pasajera fuerte, que seguro traerá la venta de tu futuro por un plato de lentejas.

CAPÍTULO 2

SIENTO Y LUEGO EXISTO

La gran batalla para que uno no sea teñido por las emociones, sino que las mismas formen parte de una vida de elecciones, es salir del paradigma de estos tiempos, que es: "Siento y luego existo". Vivir en el mundo de la experiencia del minuto tomada como una verdad eterna nos llena de nuevos interrogantes. ¿Quién no ha visto a aquel que justificaba sus acciones porque lo había sentido; que condiciona todo lo que pasó sobre la base de lo que sintió y acciona para sentir lo que hasta ahora no ha experimentado?

Sentir se ha convertido en el molde por donde las personas están pasando toda su vida y por donde crean sus identidades públicas. Del mismo modo que todo lo que se vive para ser sentido, eso es efímero, pasajero, de segundos, para prepararnos para volver a sentir una nueva experiencia.

Vemos gran cantidad de casos que cambiaron la era de la razón en la que vivíamos el siglo pasado, por la era de la emoción. Ejemplos hay miles en un mundo que funciona a gran velocidad. Basta con ver la cantidad de personas que eligen tatuarse. Más allá de su mirada bíblica, en el siglo pasado la gente no se tatuaba porque esa decisión los estaba marcando de por vida. "¿Cómo voy a hacer eso? ¡Quedaré marcado para toda la vida!". Mientras que ahora, muchos lo hacen para vivir la experiencia del momento. Así somos. Así estamos siendo. Hemos dejado atrás un paradigma que primó por mucho tiempo y le dimos la bienvenida a uno nuevo.

Mientras en el siglo pasado el sistema de pensamiento era "Pienso y luego existo", hoy aquellos que viven en la emoción enuncian, muchas veces sin quererlo: "Siento y luego existo". ¡Si solo fuera eso! Pero lamentablemente, eso se agrava con los modelos constantes de poner el énfasis en la experiencia, con la mercantilización de la cultura y con la falta de futuro de las próximas generaciones, que hacen aún más fuerte la vivencia de emociones y tomar las mismas como verdad absoluta y realidad innegable.

El siglo pasado, al igual que las últimas tres centurias, nos encontraron pensando seriamente desde la razón. Este tiempo está marcado por pensar desde la emoción. ¿Por qué no cambiar estos paradigmas y comenzar a mirar desde la elección? ¿Qué tal si cambiamos el "Siento y luego existo" por el "Elijo ser y luego siento"? Probablemente si así lo hiciéramos, comenzaríamos a influenciar, de una manera poderosa, cada una de nuestras comunidades.

¿Sentir es igual a verdad?

Uno de los puntos importantes por los cuales las personas no pueden intervenir en sus emociones es porque toman cada una de ellas como verdaderas. Como mencionamos, pasamos de la era de la razón a la era de la sensación. Todo debe ser experimentado y sentido para que creamos que es verdadero. Desde ese modelo de pensamiento, la emoción es una sensación del instante que se toma como verdad y que vive más allá de cualquier razón.

> La emoción es una sensación del instante que se toma como verdad.

Lo interesante es que mientras que en el siglo pasado y los anteriores la gente desarrollaba guerras para defender la razón que creía tener, hoy todos aceptan que puede haber diferentes opiniones y hasta cambios de opinión. Sin embargo, muy pocos pueden aceptar una emoción como no propia.

Muchos pueden cambiar su pensamiento y aceptan que el suyo es una opinión que pueden trabajar. No obstante, las emociones con las que viven se toman en todo momento como que lo que sienten es la verdad. Esa emoción es verdad en mi vida cuando la hago propia, la internalizo, pero muchas veces ni siquiera es mía, sino la respuesta automática a agentes que la producen... ¡y ella termina mandando en mis acciones!

Volvemos a enunciar que las emociones son estímulos producidos por la cultura, la biología, la historia, el lenguaje. Vienen a nosotros a través del ambiente, la gente, las circunstancias, Dios, el adversario y uno mismo. Lo que sientes puede estar influenciado por tu exterior y por ti mismo. A veces creemos que lo que sentimos es la verdad porque nuestra propia cultura y vivencias nos lo dicen.

> LAS EMOCIONES SON ESTÍMULOS PRODUCIDOS POR LA CULTURA, LA BIOLOGÍA, LA HISTORIA, EL LENGUAJE.

HECHOS O MIRADAS

El hecho vivido es concreto; lo que sentimos es interpretativo. Esto no significa que podemos cambiar nuestros hechos, sino que elegimos cambiar la interpretación que les damos. Podemos mirar para atrás y cambiar la mirada, aunque sabemos que muchas veces nuestras emociones hacen que las circunstancias externas se conviertan en una realidad. Eso nos lleva al siguiente pensamiento que se convierte en un callejón sin salida. Dado que lo que siento es verdad y la realidad, entonces no puedo negar que las cosas son como son, sin darme cuenta de que las siento como soy y desde allí es que las vivo.

Sin embargo, tenemos un Dios que es más grande, y a partir de poder intervenir en nuestras emociones, nosotros podemos aceptar nuestra fe de una forma tan poderosa que la realidad puede cambiar sobre la base de la verdad que existe de Dios y su Palabra.

Hay circunstancias muy intensas que se nos plantean alrededor y que muchos no pueden declarar tan fácilmente. Pero creo que cuando uno es capaz de permitir que la matriz de nuestras emociones sea nuestra confianza en Dios, que el juicio que determina nuestras emociones tenga más que ver con nuestra confianza, con nuestra fe en Dios, entonces vamos a poder afectar nuestro entorno. Cuando nuestro entorno es afectado por nuestras emociones, no es un entorno positivo, no siempre podemos dominar el entorno, y a veces las cosas pasan.

En cuanto a entender que somos protagonistas de nuestra vida, creo que en todo momento Dios nos da emociones para hacer algo poderoso. No fuimos diseñados para sentir y punto, o solo para que sea un recurso no usado. Fuimos moldeados para vivir plenamente, sentir plenamente y que cada una de nuestras emociones nos sirva para amar más a Dios, darle gloria y bendecir a su gente. Ser protagonista significa sentir el poder de su grandeza en mí y mirar a través de sus ojos y no de las circunstancias.

> SER PROTAGONISTA SIGNIFICA SENTIR EL PODER DE SU GRANDEZA EN MÍ.

Creo enormemente que Dios ha hecho al hombre un ser poderoso y que cada área de nuestra vida, incluso la que hemos tomado como debilidad, forma las fortalezas que Dios nos ha dado. Nosotros podemos inclinarlas para un lado o para el otro. Cuando cambiamos nuestros juicios de valor, desde lo que no tenemos hoy a la voluntad de Dios, para decir "Dios es mi confianza", "Dios es mi fortaleza", las circunstancias externas también pueden cambiar.

Sé que es mucho más difícil pensar en cambiar las circunstancias cuando se está atrapado en las circunstancias y estas son negativas. Pero Dios puede acomodar y hacer cosas. Toda nuestra corporalidad y nuestra mirada cambian, y así también nuestras emociones, cuando somos capaces de intervenir en esas emociones basándonos en una realidad que queremos ver. Si nosotros nos fundamentamos en el poder de Dios, en su voluntad, en su amor inmenso infinito, ¿cómo no podemos entregarle nuestras emociones confiando en Él?

Hay una diferencia entre el hecho y las interpretaciones emocionales e intelectuales del mismo porque tenemos dos tipos de interpretaciones: una verbal que mi lenguaje refleja y otra corporal que mis emociones y mi cuerpo muestran. Y llegó la hora de descubrir un modelo que se está convirtiendo en pernicioso e insalubre para todo el mundo, inclusive para la cristiandad: creer, en nuestra manera de vivir, que sentir es igual a verdad. Es peor aún cuando por delante de la emoción viene un "Dios me dijo".

Es hora de hacer un alto, conversar con la emoción y preguntarle de dónde viene, si es de Dios, de mis circunstancias, de mi organismo. "¿Quién eres? ¿Eres producto de lo que comí?". Después de eso, empieza a intervenir en ellas.

Uno de los graves problemas que tienen muchos es creer que lo que sienten es. Sepan que los hechos son verdaderos o falsos, mientras que la interpretación de los hechos te pertenece exclusivamente a ti. Así mismo, las emociones tienen un juicio detrás de ellas y el mismo es fundado o infundado. La emoción no es verdadera o falsa. Me corresponde a mí; tiene que ver conmigo.

¿Estás dispuesto a comenzar a hablarle a tu emoción y llevarla hacia tu visión, hacia donde elegiste ir, hacia el resultado extraordinario, hacia la bendición de Dios?

LA EMOCIÓN NO ES VERDADERA O FALSA.

SIENTO Y LUEGO EXISTO EN MI RELACIÓN CON OTROS

El desgaste en las relaciones, por creer y vivir por lo que sentimos en un momento de nuestras vidas, ha llevado a muchos a vivir aislados en medio de una multitud. "Siento y luego existo" se convirtió en el enunciado pregonado de miles que vagan por el mundo en busca de emociones.

Antes se podía entender la cultura de lo eterno, dado que grandes distancias se acercaban con compromiso, con amor declarado. Si un viaje duraba varios meses, uno lo hacía sin problemas porque el amor duraba una vida y yo alimentaba mi devoción solo con observar una foto del ser amado. Hoy viajamos en horas y el amor no se permite días sin compañía, aunque hayas conversado en una videollamada, por teléfono o por correo electrónico diez veces ese día.

El compromiso a existir y luego a sentir era más fuerte que cualquier amague de sentimentalismo. Pero hoy día, las familias se deshacen porque la fragilidad radica en que todo debo sentirlo ya y ahora, sin vivir el compromiso de diseñar juntos el futuro. Así es también con los amigos. El caminar al ritmo de la sociedad nos hace tantas veces darnos cuenta de que lo cerca que estábamos se convirtió en lejanía.

Hoy podemos dejar de vivir en medio de "siento y luego existo" para entrar en "elijo ser y luego siento".

PODEMOS DEJAR DE VIVIR EN MEDIO DE "SIENTO Y LUEGO EXISTO" PARA ENTRAR EN "ELIJO SER Y LUEGO SIENTO".

Eso nos permitirá que nuestras emociones tengan el encuadre justo que Dios le puso; que sean para disfrutar de Él, disfrutar del otro, para que vivamos disfrutando. Dios nos hizo para vivir en comunidad, y hay una manera de vivir fuera de todo altercado o circunstancia que nos pueda poner en situaciones límites. La Palabra de Dios nos enseña bastante sobre esto.

¡QUE NO HAYA ALTERCADO ENTRE NOSOTROS!

Era casi un hijo. Juntos salieron hacia lo desconocido y pasaron por tiempos de desierto, de vientos, temporales, y de cada día compartir la mesa y el pan que Dios les daba. Crecieron juntos, vivieron juntos, pero un día un gran altercado puso en juego su relación. Abram y Lot se encontraron en medio de una disputa y tenían que elegir cómo la llevaban a cabo. ¿Con enojo? ¿Con reclamos? ¿Buscando quién tenía razón?

En las relaciones humanas siempre encontramos diferentes opiniones. Muchas de esas veces podrá suceder que se genere la elección de caminar por diferentes sendas. Sin embargo, la Palabra de Dios nos enseña que sigamos juntos o no, hay una sola manera de hacer frente a un altercado, y es con una declaración de "No" al altercado.

Abram dijo: *"No haya ahora altercado entre nosotros"* (Génesis 13:8).

Esta declaración, sin importar lo que haya sucedido o las justificaciones que tuviera para altercar, diseña una nueva realidad. Él comenzó la conversación con estas palabras, que marcaron y sellaron todo lo que sucedería luego.

¿COMPROMETIDO CON LA RAZÓN O CON LA RELACIÓN?

No escuchamos a Abram comenzar la disputa con un lenguaje descriptivo para luego separarse ambos con enojo y resentimiento. No se dejó llevar por los sentimientos que tenía, justificados por las malas acciones de Lot y su gente. Él comenzó la conversación cambiando la realidad. Él se comprometió (entendiendo el compromiso como una declaración que sostengo con acciones) a que no habría altercado entre ellos, y después eligió hacerle una oferta a Lot para que se le pudiera poner fin a la discusión.

Cuando las personas están comprometidas a tener razón, discuten hasta imponer sus pensamientos, sin importar las consecuencias. Cuando las personas están comprometidas a decir lo que sienten, como si eso fuera absoluto y único, hablan y juegan con sus sentimientos y los de otros hasta despedazarlos o "sentirse" satisfechos. Cuando las personas están comprometidas a la relación primero, antes que nada declaran y sostienen que no entrarán en un altercado.

Si te encuentras en medio de discusiones o debates hablando con personas donde lo que prima son las justificaciones, las quejas o la defensa vehemente de posiciones, es porque no hubo una declaración primaria de "No haya altercado entre nosotros". Es que hay más un compromiso a tener razón y a la sensación, que a la relación.

Abram, antes que cualquier circunstancia, estaba comprometido a la relación con Lot.

A PESAR DEL CONFLICTO, ESTUVO PRESENTE

Después de solucionar la situación y cada uno seguir por su lado, Lot y su gente tuvieron un serio inconveniente. Su ceguera los había llevado lejos, al centro mismo de influencia del mal. Nada ni nadie podía salvarlos. Sin embargo, Abram intercedió por él y su familia. No vemos a Abram diciéndole: "Te lo dije", o "Sabía que te meterías en problemas", o "Yo tenía razón". Fue por Lot y puso su vida por él porque estaba comprometido a la relación.

"Ningún altercado haya entre nosotros" no es un simple deseo, sino un compromiso fuerte declarado donde no importa lo que pensemos, no importa lo que hagamos, no importa si seguimos por caminos diferentes, te sigo declarando mi familia, estoy comprometido a la relación contigo y a ir a ti cuando más me necesites.

Hoy es un buen día para preguntarme si actuaría como Abram. ¿Declararía que no habría altercados aunque tenga suficientes argumentos para demostrar y justificar mi verdad? ¿Estaría comprometido a la relación a pesar de las circunstancias, o a las injusticias y las verdades que llevo conmigo que creo que son más grandes que la hermandad?

Eso no significa que siempre caminarás junto con todos; significa que no es el altercado el que los separa. Significa que a pesar de lo que la discusión genere, yo no entro en altercados porque declaré que estoy para estar presente para quien lo pida y agradecido a Dios con lo que me dio.

MIRAR HACIA EL LADO CORRECTO

Abram levantó un altar. Fue más fuerte en su vida la relación con el otro que el tener razón. Fue más importante elevar sus ojos y sus manos al cielo que mirar desde las justificaciones y razones terrenales.

Hoy es un gran día para decir:

"Declaro que no viviré en el altercado y que aunque tenga razón, me comprometo a la relación".

Y Abram fue por Lot cuando ya nada tuvo y le volvió a dar de aquello que le había quedado.

CAPÍTULO 3

¿ELECCIONES O EMOCIONES?

Este capítulo fue originalmente publicado en el volumen 3 de la serie de *Coaching* Cristiano, en el libro *Relaciónate y Lógralo*[1]. Hemos decidido volver a publicarlo aquí para que puedas repasarlo o simplemente verlo en el contexto de: "¿tienes emociones o las emociones te tienen?". Creemos que será de gran provecho para la estructura que estamos construyendo.

Para que la emoción no me tenga, debo comenzar a vivir en el contexto de la elección y recordar que en el mundo de las relaciones, de las opiniones o de la manera de mirar el mundo, no solo son esenciales la comprensión y la fundamentación de los juicios, sino también la posibilidad de tener una observación aguda acerca de los estados de ánimo y las emociones. ¿Por qué? Porque estos influirán de manera poderosa en la manera de mirar, de ser y de relacionarse. Además, podrán ayudarnos a lograrlo o a que muramos en el intento.

> DEBO COMENZAR A VIVIR EN EL CONTEXTO DE LA ELECCIÓN.

CÓMO MANEJAR LOS ESTADOS DE ÁNIMO

Las emociones y los estados de ánimo no deben controlarse; hay que aceptarlos y construir sobre ellos. No hay ningún relato en las Escrituras que diga que cuando Jesús lloró, procuró que nadie lo viera, trató de reprimir sus emociones, o evitó que estas lo dominaran, sino que formaron parte de la persona que Él era. Esto me da una visión clara y un compromiso en acción cuando me alineo con la persona que elijo ser, sin que las emociones tengan el poder de enturbiar mi visión.

Los estados de ánimo son biológicos; por eso la psiquiatría ha tenido gran éxito. Esto explica que algunas sustancias químicas en el cuerpo alteren los estados de ánimo de una persona. Por ejemplo, los pacientes con depresión toman ciertos medicamentos capaces de trabajar en la transformación del estado de ánimo. Sin duda, estas sustancias químicas existen, pero también sabemos que el cuerpo genera dichas sustancias químicas. De ahí que no necesitemos poner algo externo para tener un estado de ánimo diferente. Al entender esto, sabemos que podemos intervenir en las emociones.

Los estados de ánimo son como los lentes a través de los cuales vemos el mundo. Por eso nos vamos a mover de acuerdo con el estado de ánimo que tengamos. Para lograr ser lo que elegimos ser, hay que intervenir en el estado de ánimo y no resignarnos a lo que experimentemos en un momento dado, pues a cada instante nos movemos en un mundo de estados de ánimo.

Las conversaciones son recursos decisivos para el diseño de los estados de ánimo. Cuando el estado de ánimo te busca para tenerte, hay que hablarle. Entonces, ¿desde dónde le hablamos? Si le hablamos desde la historia y lo describimos, seguiremos igual. Si le hablamos desde nuestra visión, podemos intervenir.

En el caso de que existan estados de ánimo que te controlan, la mejor pregunta sería esta: ¿Cuál es la visión que tengo? Tu visión debe ser lo suficientemente grande para contener los estados de ánimo y no tan pequeña como para meterla dentro de un estado de ánimo en sí. Los estados de ánimo viven en el trasfondo de los juicios y las opiniones que poseemos, así que detrás de todo se encuentran tus estados de ánimo. ¿Por qué hay personas que no consiguen un trabajo jamás? ¿Por qué hay

> TU VISIÓN DEBE SER LO SUFICIENTEMENTE GRANDE PARA CONTENER LOS ESTADOS DE ÁNIMO.

personas que viven entregadas y no pueden levantarse de la cama? Porque tienen conversaciones muy fuertes a las que les sigue un estado de ánimo o una emoción.

Es evidente que nos encontramos en estados de ánimo que no elegimos ni controlamos. Si tratamos siempre de controlarlos, ellos terminarán controlándonos. Al analizarlo, vemos que los estados de ánimo son transportables, temporales, colorean y lo condicionan todo; son contagiosos y nos poseen. Siempre estamos en estados de ánimo... ¡invariablemente! Por lo tanto, seamos sabios, pues hay cinco cosas que pueden afectar a una persona: el medio o las circunstancias, los espíritus diabólicos, el Espíritu de Dios, las otras personas y uno mismo.

Nosotros podemos intervenir en los estados de ánimo debido a que detrás de cada uno de ellos hay un juicio. Si cambias el estado de ánimo, el mundo cambia también con él. Cuando digo: "Estoy triste" o "Estoy contento", manifiesto lo siguiente: "Tengo determinada predisposición para la acción". Cuando los discípulos del Señor Jesús sintieron temor, Él intervino:

"Habrían remado unos cinco o seis kilómetros cuando vieron que Jesús se acercaba a la barca, caminando sobre el agua, y se asustaron. Pero él les dijo: «No tengan miedo, que soy yo»" (Juan 6:19-20, NVI).

En tu caso debes intervenir, pues no te puedes quedar en la conversación de ese estado de ánimo. Los estados de ánimo se manejan con el dominio del lenguaje generativo y el cuerpo. Cuando te das cuenta de que con la conversación no es suficiente, pon música. Si con la música te quedas corto, sal a correr o, de lo contrario, pide un abrazo, habla diferente, pero es importantísimo que intervengas de inmediato. Por eso, también debemos ser observadores de los estados de ánimo.

LOS ESTADOS DE ÁNIMO SE MANEJAN CON EL DOMINIO DEL LENGUAJE GENERATIVO.

Los estados de ánimo y el lenguaje están relacionados. Entonces, ¿cómo intervienes de manera lingüística? Con conversaciones generativas.

Algunos aspectos de esos estados de ánimo son recurrentes, como la tristeza, el miedo, el enojo, la culpa, el deseo, la insaciabilidad. Por lo tanto, necesitas intervenir y recurrir a la única fuente que te ayuda a superar y controlar estas debilidades.

¿TIENES EMOCIONES O LAS EMOCIONES TE TIENEN?

Cuando hablamos de emociones, tenemos que decir que en los últimos años hemos cambiado mucho. A decir verdad, este mundo ha cambiado de una manera alocada y cada vez cambia más. No solo estamos en un tiempo de cambio, sino también en un tiempo de cambio constante.

Hace unos treinta o cuarenta años, la clave era esa frase del famoso filósofo Descartes: "Pienso, luego existo". Vivíamos así y procurábamos conocer y conocer. Pensábamos que en el conocimiento teníamos la clave del éxito: cuanto más conocíamos, mejores éramos. Sin embargo, ese modelo cambió y muchos de los que estamos hoy aquí conocemos mucho, pero nos hemos dado cuenta de que eso no es suficiente. Aunque el conocimiento es muy bueno, el saber hacer es mejor.

¡Y eso no es todo! ¿Por qué? Porque vivimos en un mundo que ya no te dice: "Pienso, luego existo", sino: "Siento, luego éxito". De ahí que nos encontremos con jóvenes que procuren vivir la experiencia sin que les importe mucho el conocimiento. En realidad, lo trascendental para ellos es sentirlo y vivirlo. En un mundo donde lo que importan son las emociones, encontramos que los cristianos somos excelentes conocedores de las Escrituras, pero andamos medio flojitos con las emociones. En los últimos tres años, nos hemos encontrado con personas que tienen problemas con sus emociones, pues en vez de tener emociones, las emociones los tienen a ellos.

Hay un versículo muy interesante en Efesios que dice lo siguiente:

"Somos hechura suya, creados en Cristo Jesús para buenas obras, las cuales Dios preparó de antemano para que anduviésemos en ellas" (Efesios 2:10).

¡Qué hermoso sería que lo único que sucediera en nuestras vidas fueran solo buenas obras una y otra vez! Sin embargo, aunque tengamos el deseo y la actitud, algo sucede. Nos levantamos por la mañana con ganas de vivir una vida santificada, una vida de victoria y con poder, pero no disfrutamos a menudo de las buenas obras. ¿Qué nos pasa? Cristianos, ¡Dios nos llamó a ser de influencia en nuestras congregaciones, ciudades y lugares en los que vivimos!

La Palabra de Dios nos dice que tenemos el llamado a ser *"luminares en el mundo"* (Filipenses 2:15) en medio de una *"generación mala y adúltera"* (Mateo 16:4). A Dios no le preocupa tanto que el mundo cambie, sino que cambiemos nosotros y que seamos luz. No obstante, sucede que andamos con la llamita apagada. ¿Por qué? Porque olvidamos la primera parte de Efesios 2:10 que dice *"somos hechura suya"*. La palabra "hechura" en griego es *poiema* que, en castellano, significaría decir "un poema de Dios".

> A DIOS NO LE PREOCUPA TANTO QUE EL MUNDO CAMBIE, SINO QUE CAMBIEMOS NOSOTROS.

Cuando Dios te creó, cuando te pensó, no lo hizo en serie. Te hizo en serio. De modo que te pensó único y de una manera muy especial. Nos imaginamos a Dios diciendo: "Bueno, vamos a hacer a Héctor. Así que hagámoslo lindo, gordito y con barba"; en lugar de decir: "¿Y qué es eso? Bueno, pongámosle Héctor". ¡Nos hizo especiales!

Tú eres único y especial, y así lo estudiamos en la Palabra, pero el mundo nos quiere hacer creer que somos parte de una masa. Por lo tanto, hay algo que no permite que lleguemos a ese lugar especial, y mucho de esto tiene que ver con nuestras emociones. Lo que ocurre es que nos creemos que todas las emociones que vivimos son verdad, y no nos damos cuenta de que muchas de las cosas que nos pasan deforman nuestra manera de mirar. Es más, mucho de lo que nos sucede viene de manera automática, sin siquiera elegir que nos suceda, y eso ocurre con los sentimientos y con otras sensaciones que tiene nuestro cuerpo.

¿Cuántas veces te has encontrado angustiado, triste o preocupado y piensas que ese sentimiento es verdadero porque es tuyo? El mundo está siempre tratando de tocar tus emociones y tú andas por la vida diciendo: "¡Tócame, tócame, no hay problema!". Entonces, pregúntate: "¿Tienes emociones o las emociones te tienen?". Queremos decirte que puedes intervenir en tus estados de ánimo y en tus emociones y que, además, puedes ser tan poderoso en el terreno de las emociones como lo eres en el del conocimiento. No importa lo que esté sucediendo afuera, puedes ser poderoso y decirle a la vida: "¡Oye, aquí el que manda soy yo! Por lo tanto, ese mando se lo entrego al Señor y me pongo en línea con Él".

Este es un tiempo especial en el que el mundo necesita cristianos con mucha palabra y con un corazón firme, pero que sepan pararse ante la vida. Luego, cuando vengan las situaciones difíciles y las angustias, seremos capaces de decir: "Yo elijo no ser una víctima, sino ser un protagonista".

> "YO ELIJO NO SER UNA VÍCTIMA, SINO SER UN PROTAGONISTA".

¿CUÁL ES EL MOMENTO MÁS IMPORTANTE EN LA VIDA DE DAVID?

Para ilustrar lo anterior, queremos mostrarte un relato muy interesante que se encuentra en 1 Samuel sobre la vida de David. Sin duda, se habla mucho acerca de este hombre llamado "amigo de Dios", que trabajara de una manera tan especial con Él y lograra que la presencia de Dios habitara en medio de su pueblo.

Algunos podrían decir que cuando llegó a Jerusalén con el arca y la presencia de Dios empezó a habitar en medio de su pueblo. A decir verdad, creemos que ese fue un momento clave en la vida de David, pues es determinante que Dios habite siempre en nuestra vida, que perseveremos y que el arca esté viva en nuestro ser. Si Dios no está habitando en tu vida, por más técnicas que tengas, por más que conozcas, por más que hagas cosas espectaculares, nada va a suceder. En cambio, si la presencia de Dios está en tu vida, harás grandes cosas en su nombre. Recuerda: ¡Dios puede sacar agua de una piedra y hacer que hable un asno! Sin embargo, no creemos que este fuera el gran momento de David.

Es posible que digamos que el gran momento de David fue cuando Dios lo ungió. ¡Qué momento! Es fantástico saber lo que Dios quiere para nuestra vida. De modo que si no tienes claro lo que Dios quiere de ti, es tiempo de que te ocupes de saberlo, pues el día que lo sepas nada va a importar más que eso, y muchas cosas que hoy te roban la paz van a dejar de hacerlo porque sabes con certeza cuál es tu potencial y cuál es tu llamamiento.

Cuando David venía de pastorear sus ovejas, se encontró con que el hombre de Dios estaba en su casa para ungirlo como rey. En realidad, esto sucedió en un día cualquiera y sin que le enviaran una invitación especial. Así que tal vez pienses que ese fue el gran día de David: cuando lo ungió el profeta. No obstante, creemos que ese tampoco fue el gran día.

Uno quizás piense que el gran día de David fue cuando libró a su pueblo del gigante Goliat. ¿Quién no diría que ese fue un gran día, cuando eligió ser el representante de los creyentes ante los gigantes? ¿No sería un gran día en nuestra congregación si nos levantáramos en contra de los gigantes que destruyen al pueblo de Dios? Sería un gran día si dijéramos hoy: "Señores, vamos a salir y a atacar a todo gigante que se está comiendo nuestro pueblo y que está trayendo temor y tribulación. Ataquemos a esos que nos quieren hacer creer que la economía tiene que ocupar gran parte de nuestro tiempo, en vez de darnos cuenta de que Dios es el que nos prospera. Lancémonos en contra de esos gigantes que se quieren comer a nuestros hijos y que los engañan al mostrarles cosas que son excelentes en apariencia. Ataquemos a esos gigantes y demostrémosles a nuestros niños y jóvenes que es mejor tener valor que precio".

Vamos a atacar a nuestros gigantes que tratan de quedarse con nuestras generaciones y digámosle a la gente: "Soy cristiano... ¿y qué? Vengo a influir en esta nación y me levantaré frente a la alcaldía". Luego les voy a decir: "¿En qué puedo servirte?". Así que no me quedaré a juzgar cada cosa ni me encerraré en mi casa siendo un espectador de la vida, mientras veo cómo los impíos manejan mis recursos, mi tiempo, mi dinero y mi trabajo. Sin duda, debe ser un gran día cuando salgamos a atacar a gigantes que, como el filisteo incircunciso, ¡no puedan con el ejército del Dios viviente! Debe ser un gran día y creo que lo fue para David también. Todo el pueblo turbado trató de hacerlo callar, incluyendo a sus hermanos mayores. ¿Cuántas veces los que saben no nos dejan ir por los gigantes? Sin embargo, este no fue el gran día de David.

Creemos que el gran momento en la vida de una persona es cuando tiene que elegir si tiene emociones o si las emociones lo tienen. Después de haber investigado en las Escrituras, creemos sin lugar a dudas que el gran día de David se narra en 1 Samuel 21:10:

> EL GRAN MOMENTO EN LA VIDA DE UNA PERSONA ES CUANDO TIENE QUE ELEGIR SI TIENE EMOCIONES O SI LAS EMOCIONES LO TIENEN.

"Y levantándose David aquel día, huyó de la presencia de Saúl, y se fue a Aquis rey de Gat".

¿Qué sucedió ese día? Si lo analizamos, vemos que las cosas en la vida de David transcurrieron bien: lo ungieron, mató filisteos, cuidó a su rey y fue a donde le pidieron. Con todo, su recompensa fue recibir tribulación, persecución y angustia. De modo que llegó el día en su vida cuando tuvo que elegir bajar los brazos. Si te suceden cosas malas porque hiciste cosas malas, puedes decir que son las consecuencias. En cambio, que te pasen cosas malas cuando haces cosas buenas, ¿quién lo entiende? ¿Cuántas veces nos pasa que hacemos todo bien y nos va mal? Nos va mal con la familia, con el dinero, con el trabajo.

En este momento, David es el abanderado de todos esos cristianos que andan por el mundo haciendo bien las cosas, pero a pesar de eso, hay un momento cuando no tienen resultados. Incluso todo el mundo está en su contra y les persigue hasta el mismo rey.

Entonces, un triste día como podemos tener todos, pensamos que dijo: "No juego más, me gustaba esto de ser rey, pero ya estoy cansado, agotado, angustiado, preocupado y solo tengo ganas de llorar. Creo que Dios es poderoso, pero algo está pasando, algo no está funcionando, y voy a huir". Así que elige huir de lo que Dios quería para él. Huyó de su destino como algunos huyen de su casa, de sus valores, sus principios o su futuro.

Cuando eliges huir porque las cosas te van mal, te va a ir peor. ¿Por qué? Porque te estás permitiendo ver desde las emociones. Sin duda, las emociones te distorsionan el cuadro y crees estar viendo cosas que no son. Mira lo que dice 1 Samuel 21:11:

"Y los siervos de Aquis le dijeron: ¿No es este David, el rey de la tierra? ¿no es este de quien cantaban en las danzas, diciendo: Hirió Saúl a sus miles, y David a sus diez miles?".

CUANDO ELIGES HUIR PORQUE LAS COSAS TE VAN MAL, TE VA A IR PEOR.

Es como que en un día de angustias te metas en un bar, te emborraches, te cruces con tus enemigos y todos te miren y digan: "¿No era este el que me evangelizó un mes atrás? ¿No es el que dio testimonio en la iglesia sobre el poder de Dios?". Los siervos admiraban a David, pero esta vez lo vieron en una situación terrible. Así que David puso en su corazón estas palabras y tuvo gran temor de Aquis, rey de Gat. ¿Qué le pasó? Tuvo temor.

El temor puede ser una emoción (recuerda que la emoción es algo automático) o un estado de ánimo que después te puede llevar a otras cosas. El rey David no estaba exento, pues sintió temor. Creemos que esta es una simbología que Dios deja en su Palabra para todos los que muchas veces nos dimos cuenta de que Dios nos llamó a ser reyes de nuestra casa, de nuestras vidas, y andamos temerosos, angustiados y tristes en medio de nuestros enemigos porque elegimos en esa mañana huir de la presencia de Dios. Por eso David es el abanderado de todos los que en algún momento estuvimos o estamos en ese lugar. De modo que si el Señor te está hablando de una forma especial, tómalo, pues hoy es el primer día del resto de tu vida. Hoy tienes la posibilidad de limpiar y ser la persona que Dios te llamó a ser.

El versículo 13 dice que David cambió su manera de comportarse delante de los filisteos y se fingió loco. Por lo general, cuando empiezas a caer, cambias tu manera de comportarte. Como David permitió que sus emociones lo dominaran, cambió su manera de comportarse a tal punto que se fingió loco... ¡y estamos hablando de alguien que todo el mundo respetaba y amaba! Es como si un día vieras entrar a tu pastor, a tu líder, echando baba por la boca y todo desencajado, como dice el pasaje bíblico. ¿No te sorprendería verlo así?

HOY TIENES LA POSIBILIDAD DE SER LA PERSONA QUE DIOS TE LLAMÓ A SER.

"David tuvo gran temor de Aquis rey de Gat. Y cambió su manera de comportarse delante de ellos, y se fingió loco entre ellos, y escribía en las portadas de las puertas, y dejaba correr la saliva por su barba" (1 Samuel 21:12-13).

A decir verdad, ¡el rey de la tierra daba lástima! ¿Cuántas veces te pasó que dejaste de ser quien Dios te dijo que fueras y anduviste haciéndote el loco pintando locuras en las portadas de tu ser? El rey David nos muestra algo muy importante en su vida:

"Y dijo Aquis a sus siervos: He aquí, veis que este hombre es demente; ¿por qué lo habéis traído a mí? ¿Acaso me faltan locos, para que hayáis traído a este que hiciese de loco delante de mí? ¿Había de entrar este en mi casa?" (1 Samuel 21:14-15).

Dos veces se usa la misma palabra, pues el mismo rey de los enemigos lo vio y sintió lástima. ¿Cuál va a ser el peor día de tu vida? El día en que ni el mismo diablo se ocupe de ti. David había caído tan bajo que ni siquiera el enemigo se ocupaba de él. Le dio lástima.

No hay peor cosa que la indiferencia. Si te estás peleando con tu esposa, esa mujer te ama. Sin embargo, una vez más, ¡no hay peor cosa que la indiferencia! El día que se acuesten en la cama y ni siquiera se saluden es porque algo está pasando con tu vida. Es probable que te estés haciendo el loco... y quizás hoy sea el día en que vuelvas en sí.

En el caso de David, huyó a la cueva de Adulam. Nos imaginamos a

David que llega a esa cueva con sus ropas llenas de polvo, sediento, el rostro castigado por el sol y con el corazón vacío por haberse hecho el loco y haberse alejado tanto de aquel que Dios le llamó a ser. Es posible que sus emociones le perturbaran y le hicieran decir: "Estoy angustiado, no quiero nada. Quiero rendirme. Sé que ser rey es lo máximo, pero ya no puedo más. No quiero ser rey. Solo quiero entregarme y esconderme en una cueva".

En el Salmo 142 encontramos lo que escribió David mientras estaba en la cueva de Adulam. La Biblia (TLA) lo expresa de la siguiente manera:

"Mi Dios, a ti elevo mi voz para pedirte ayuda; a ti elevo mi voz para pedirte compasión. Cuando me siento deprimido, a ti te hago saber lo que me angustia. Tú sabes cómo me comporto. Hay algunos que a mi paso me tienden una trampa. Mira bien a mi derecha: ¡nadie me presta atención! ¡No hay nadie que me proteja! ¡A nadie le importo! Dios mío, a ti te ruego y te digo: «¡Tú eres mi refugio! ¡En este mundo tú eres todo lo que tengo!». ¡Atiende mis ruegos, pues me encuentro muy débil! ¡Líbrame de mis enemigos, pues son más fuertes que yo! ¡Sácame de esta angustia, para que pueda alabarte! Al ver que me tratas bien, los justos harán fiesta".

Este era el David que se encontraba en la cueva de Adulam. Sin embargo, las Escrituras también hablan acerca de los que le acompañaron en la cueva:

"Yéndose luego David de allí, huyó a la cueva de Adulam; y cuando sus hermanos y toda la casa de su padre lo supieron, vinieron allí a él. Y se juntaron con él todos los afligidos, y todo el que estaba endeudado, y todos los que se hallaban en amargura de espíritu y fue hecho jefe de ellos; y tuvo consigo como cuatrocientos hombres" (1 Samuel 22:1-2).

El versículo siguiente no dice que, cuando vio llegar a toda la gente, David dijera: "No, Dios, no entendiste, me rendí. No quiero saber nada. Así que, muchachos, se equivocaron de rey. Vayan a buscar a otro". Tampoco explica que cuando llegaron los que lo llamaban a ser el líder escogido por Dios, afirmara: "Bueno, Dios, de la única manera que lo voy a hacer es si me das bendición y prosperidad, si me agrandas la casa y pagas mi hipoteca. De lo contrario, no cuentes conmigo". No dice eso. David estaba en lo peor de su vida. Aun así, era su gran momento para elegir si las circunstancias o su llamamiento controlaban; si era una víctima de la adversidad o un protagonista de los desafíos.

En semejantes situaciones, uno espera que se nos acerquen personas para ayudarnos. Incluso uno espera que se nos acerque gente buena y valiente. A David, en cambio, se le acercaron los afligidos, los endeudados, los angustiados.

Las Escrituras dicen que en ese momento clave de su vida, *"... fue hecho jefe de ellos; y tuvo consigo como cuatrocientos hombres"* (1 Samuel 22:2). En medio de la adversidad, eligió ser quien Dios le llamaba a ser.

Así que nos imaginamos que dijo: "No importa que me haya hecho el loco ni que haya llegado hasta aquí. Voy a ser su líder". La Palabra dice que este grupo llegó a conocerse como *"los valientes que tuvo David"* (2 Samuel 23:8, RVR-1960).

Permítannos decirles a todos los angustiados, a todos los preocupados y a todos los afligidos que están leyendo estas líneas, que Dios los ha llamado a ser valientes de Jehová. Queremos decirles que asuman el liderazgo de su vida, de su familia, de su trabajo, de su ciudad. No importa cómo se sientan hoy. No importan las emociones que tengan. Las emociones pasarán si se paran firmes y erguidos ante el llamamiento de Dios para su vida y dejan atrás todo tipo de emoción automática que el mundo les hizo creer que tenían que sentir. Es posible que en este momento las cosas no les estén saliendo como querían, pero si se paran firmes, les aseguramos que Él va a hacer que haya bendición y prosperidad en sus vidas.

Por lo tanto, es hora de preguntarse: "¿Tengo emociones o las emociones me tienen?". Empieza el tiempo de tener nuevos aires, así que tú eliges con exactitud qué aire vas a vivir, qué emoción vas a sentir y cómo vas a disfrutar la vida. ¿Qué importa si te está yendo mal? ¿Qué importa si estás afligido? ¿Qué importa si te persigue el rey? Deja todo eso atrás y sal de la cueva que te tiene cautivo.

¿Cómo se llaman esos cuatrocientos que te están buscando? Quizás esos cuatrocientos sean un niño de tres años que te tira del pantalón y te dice: "¡Quiero que seas mi líder!". Tal vez esos cuatrocientos sean una esposa que te dice: "Llega un poco más temprano, así comemos juntos". A lo mejor esos cuatrocientos son esos jóvenes que vienen a tu grupo a esperar que les abras la Biblia, o esos adultos que se reúnen con un corazón apasionado para influir en un vecindario. Comienza a decirte cada mañana que tienes más futuro que pasado.

TÚ ELIGES CON EXACTITUD QUÉ AIRE VAS A VIVIR, QUÉ EMOCIÓN VAS A SENTIR.

¿Qué fue lo que hizo que las emociones no tuvieran a David y que pudiera tener emociones? Eligió ser el jefe de esos cuatrocientos... ¡y ser su jefe significaba futuro! Eligió vivir desde el futuro y no desde el pasado.

Es tiempo de que diseñemos nueva vida. Así que cierra tus ojos y diseña esos nuevos tiempos que necesita tu vida. Además, para ser jefe tienes que venir desde el futuro. ¿Cuál es ese futuro que te está llamando a ser jefe? ¿Cuál es ese futuro que te dice que cambies tu historia? ¡Ha llegado el momento de salir de la cueva!

CAPÍTULO 4

EL TIPO DE OBSERVADOR QUE SOY ESTIMULA MIS EMOCIONES

Del mismo modo que nuestros pensamientos nos ayudan a forjar quién elegimos ser, las emociones son espacios que nos hacen de prisma para ver la vida. Para disfrutar y vivir una vida de bendición en estos tiempos, es importante tomar conciencia de que las emociones son estimuladas por el tipo de observador que soy de la vida y el tipo de observador de mi modelo cultural, de mi historia, del medio ambiente y de mi propio lenguaje.

No es por nada que el dicho popular de "No tomes decisiones estando enojado" sigue estando cada día más vigente. Cada sentir pincela tu mirada de un color especial. No vives igual el día cuando estás influenciado por calor, gritos, ambientes desagradables, malos tratos, sectores sombríos o todo aquello que puede "empañar" tu visión.

Sin embargo, en el *Metodocc*, creemos que hasta eso puede ser cambiado. Solo debo darme cuenta y dejar de permitirles a las emociones apoderarse de mí, y que eso suceda en transparencia, solo porque vengo del pensamiento de que todo lo que siento es verdad. No todo lo que siento es verdad. Son estímulos que se convierten en parte de mí cuando los creo, los vivo como propios y acciono sobre ellos como la verdad absoluta.

> NO TODO LO QUE SIENTO ES VERDAD.

DESDE DÓNDE OBSERVAMOS

Elegí escribir este capítulo desde la bahía de *Key Byscayne* en Miami. ¡Qué bello sitio para poder conectarte! Los pájaros, el verde de los árboles y la vegetación más la magnificencia del mar nos hacen pensar y mirar desde otra perspectiva. Veo pasar a la gente y camina lenta, como permitiendo que todo se vuelva uno y eternizar el instante. ¡Qué diferente es cuando estamos en medio del asfalto, corriendo tras compromisos que siempre se renovarán para ayudarnos a tener una nueva excusa para seguir corriendo!

Los pájaros me recuerdan que estoy en medio de su hábitat y los escucho existir más que en mi propia casa. Un par de niños pasan con una caña de pescar, cada uno hablando de lo grande que será el pescado que llevarán y que acaban de ver en medio del muelle. Más y más personas cambian su mirada solo porque el medioambiente influye.

Probablemente muchos vinieron con pensamientos del diario vivir que les preocupaban; con cuestiones que los hacía poner su vida en el mañana, y su prisma para ver solo desde la angustia y la preocupación. Sin embargo, al llegar, cambiaron su observación. Todo tiende a la paz en tu vida cuando el medioambiente influye.

Influye más aún cuando vivimos en medio de comunidades donde lo bélico y el engaño forman parte de la vida cotidiana; cuando nuestros hijos crecen creyendo que la lucha y la pelea son los únicos modos de vida desde donde mirar. Pero peor aún es cuando todas esas observaciones las tomamos como verdaderas, como la realidad, y no como aquello que fuimos diseñando juntos o aceptando vivir, más allá de nosotros mismos.

> TODO TIENDE A LA PAZ EN TU VIDA CUANDO EL MEDIOAMBIENTE INFLUYE.

Pensar que todo lo que siento es real y no una percepción de la realidad, me limita a estar absolutamente influenciado por aquello a lo que le doy autoridad como verdadero. Sin embargo, cuando empiezo a comprender que toda emoción viene de algún sitio, comienzo a darme cuenta de todo lo que me toca a mi alrededor. Del mismo modo que influye en nosotros el medioambiente, sucede con las personas, con nuestra biología, con nuestra historia, con el mundo espiritual. Y todo eso es parte de la base de lo que nos ayudará a ver.

Una de las premisas que hemos trabajado en nuestro libro *Logra lo Extraordinario* es que Dios no nos ha dado el poder de ver las cosas como son, sino como somos.

Quiero profundizar más en esa idea. No las vemos como somos; las vemos como estamos siendo. Es un presente continuo. Y ese "siendo" está siempre relacionándose con los elementos que mencionamos que ayudarán a que nuestra mirada sea más o menos profunda. Las emociones o estímulos que las mismas producen serán filtros desde los que iremos más allá que otros, o seremos llevados por la corriente.

OBSERVACIONES BIEN LEJOS DE LA VERDAD

Era de noche y ellos eligieron ir en barca hacia la otra orilla. El Maestro había desarrollado un día magnífico de milagros, maravillas y señales, y eligió quedarse despidiendo a la gente. Era maravilloso verlo relacionarse en medio de la gente y aprender de su constante ejemplo de entrega por cada uno de los que tenía delante. Nunca se iba primero. Siempre se quedaba despidiendo a los que lo habían ido a ver.

Mientras eso sucedía, los discípulos comenzaron a prepararse para lo que seguía y emprendieron viaje. En la orilla, su transporte les esperaba para cruzar.

Todos subieron a la barca. El viento era tenue y las nubes se posaban sobre las montañas que rodeaban el lago de Genesaret. Con ese brillo especial que le daba la luna, quedaban como algodones encima de las cumbres. Todo parecía ser un día tranquilo. Pero uno nunca sabe. La calma puede estar de este lado, pero detrás de los montes puede estar desatándose un recio viento demoledor. Y así fue. De repente, las olas comenzaron a mover la barca y la lluvia a caer, primero suave, y seguido, copiosamente. Estaban empapados, pero peor aún, temerosos. Así fue como vieron venir una sombra desde un costado. Uno atinó a decir: "¿Qué será eso?". Otro solamente gritó. El resto de los que estaban allí se asustaron y al unísono comenzaron a gritar: "¡Un fantasma, un fantasma!". Al ver ya la sombra cerca de ellos, se dieron cuenta de que era el Señor caminando sobre el agua. "No teman", les dijo. Y subió a la barca.

¿Cómo puede ser que la observación esté tan lejos de la realidad? ¿Cómo sucede a veces que vemos bendición donde solo hay fantasmas, y fantasmas donde el Señor está habitando? No estamos hablando de cualquier creyente. Eran los mismos discípulos, quienes pasaban su día con el Señor Jesucristo, y quienes estaban siendo entrenados para liderar multitudes y llevar el mensaje hasta lo último de la tierra. Pero ellos también cayeron presos de los estímulos emocionales que el medioambiente y las circunstancias estaban generando, al punto de creer que Jesús era un fantasma.

VEMOS BENDICIÓN DONDE SOLO HAY FANTASMAS, Y FANTASMAS DONDE EL SEÑOR ESTÁ HABITANDO.

Cuando observamos desde la emoción, podemos llegar a cualquier conclusión y convencernos unos a otros de que estamos en lo correcto. Por eso es súper importante comprender que las emociones afectan a nuestra manera de observar, y por ende, a las decisiones que tomaremos sobre la base de esa observación. Ocupémonos de saber más al respecto para que cuando los estímulos vengan, podamos mantenernos centrados y equilibrados para que Dios pueda contar con nosotros para su obra.

Muchas veces la emoción nos tiñe y no nos permite ver otra opción. Creemos que nuestra base bíblica y la profundidad de las Escrituras serán de gran ayuda para poder ejercer un dominio propio e ir en pos de lo extraordinario en esa área. Alentamos a todos a ir a la sabiduría eterna, para estar listos cuando las emociones pretendan que tu respuesta sea siempre un fantasma.

Cuando permita que la luz de las Escrituras ilumine mi camino, comenzaré a ver lo que hasta ahora solo consideré como la realidad.

"Lámpara es a mis pies tu palabra y lumbrera a mi camino" (Salmos 119:105), dice el salmista, conectándome con quien elijo ser y no con quien anda a tientas tocado por las emociones del momento. En las Escrituras tendremos respuesta a cada estímulo.

Profundicemos para entender en más detalle de dónde provienen los mismos.

MIRAMOS DESDE LA CULTURA

Los estímulos que generan las emociones no provienen de un solo lugar, sino de varios que iremos desarrollando. Uno como persona o como organización está constantemente influenciado por la cultura.

Dios nos dio el inmenso privilegio de viajar por toda Iberoamérica contándoles a miles sobre el *Metodocc* de *coaching* cristiano y cómo se puede "lograr lo extraordinario". Tuvimos que aprender cómo la cultura influye poderosamente en nuestras vidas. Es bien particular que cuando la cultura influye, ya no solo en la personas, sino también en lo que sentimos, terminamos viendo a través de ella sin darnos cuenta.

Para quienes estamos comprometidos con ser una posibilidad para las personas de cada país, tenemos que meternos de lleno en el "sentir cultural", para ver desde donde el otro mira. Podemos ver lo mismo, pero lo que la cultura filtrará será parte de nuestra manera de mirar y de sentir. El contar con un idioma en común o con un país en común no hace que todo lo veamos desde el mismo prisma cultural. Y la cultura de aquellos con quienes nos relacionamos no solo debemos saberla, sino también entenderla.

> CUANDO LA CULTURA INFLUYE, TERMINAMOS VIENDO A TRAVÉS DE ELLA SIN DARNOS CUENTA.

En una de las organizaciones multinacionales que *coacheamos*, trabajan personas de diferentes países y culturas. Uno de los primeros compromisos que declaramos con Laura era poder entender a cada uno desde donde estaba: en síntesis, mirar desde el otro; llegar al punto de tener tanta empatía, que pudiéramos ver desde sus ojos. Pudimos observar que el entendimiento cultural y su influencia en las emociones relacionales en la organización era tan importante a tener en cuenta como las acciones, las metas y los recursos que usaremos en busca de resultados. No puedo obviar la cultura cuando de emociones se trata.

Recorrer la cultura como un prisma por el cual las personas tendrán la posibilidad de ser nos ayudará a ser más poderosos en discernir acerca de las emociones con las cuales estaremos influenciados culturalmente.

¿QUÉ ME PASÓ QUE ME EMOCIONÉ TANTO?

Fuimos ese día a comprarlo. Entramos en aquel inmenso lugar que vendía de todo para que nos proveyera de un árbol natural para poner en nuestra casa. Era el día en que la tradición de la nueva tierra en la que vivíamos decía que el árbol debía ser armado. No queríamos uno artificial, sino uno natural, que nos permitiera verlo grande y suntuoso en el *living* de nuestro hogar.

Del país del que provenimos estamos acostumbrados a decorar el arbolito, ponerle luces y alrededor hacer un pesebre que nos recuerda el nacimiento de Jesús. Pero aquí sentía algo especial. Estaba formando parte de una nación que respetaba sus tradiciones y les enseñaba a sus hijos la importancia de las mismas.

Me encontré ese día comprando el árbol, su base, todo lo necesario para armarlo, y también luces para la puerta de la casa. Ya varios vecinos habían colocado las suyas y la urbanización se veía cada día más bonita. Era como si todos, sin conversarlo, nos pusiéramos de acuerdo en dar lo mejor que teníamos para que nuestras casas brillaran del mismo modo que Jesús pudiera brillar en el corazón.

Pensé por un momento qué pasaría si estuviera en Argentina y se me diera poner luces resplandecientes en el frente. Probablemente más de uno no entendería lo que estaba haciendo y se quejaría de tanta luz. Sin embargo, aquí la cultura nos invita (¡y nos emocionaba eso!) a ser parte de una celebración. Sentí que no era mi familia la que festejaba, sino que todos lo hacíamos en común. Emocionalmente me sentí diferente en una nueva cultura que me invitaba a amar una tradición que en mi país de nacimiento nunca tuvimos. Lo peor de las miradas culturales es cuando son sutilmente parecidas, pero no iguales.

Prendimos las luces después del arduo trabajo de poner la base, colocar el árbol y agregarle todos los adornos. Al encenderlo sonreímos juntos y nos tomamos de la mano. La más pequeña de nuestras hijas brincaba de lado a lado contenta, disfrutando aquello que construimos en familia y que tenía todo un significado. Pusimos las botas cerca, una por cada uno de los habitantes de la casa y con su nombre. No solo estábamos recordando a Jesús; lo hacíamos como comunidad, con una pertenencia y reconocimiento especial al ser recordados de manera personal en nuestros regalos.

Ya habíamos festejado la Navidad tantísimas veces anteriormente, pero en este nuevo tiempo esa cultura se impregnaba en nuestro pensamiento, en nuestra manera de observar. Las emociones que la cultura generaba nos invitaban a estar listos, a dedicarle tiempo y a ser sus protagonistas. ¡Cuántas otras cosas en la cultura me ayudaron a cambiar mi manera de mirar… la señal de stop, la velocidad permitida…! Mientras recuerdo ir lo más rápido posible por la autopista que me llevaba a mi casa en Pilar, Argentina, aquí lo importante es respetar la velocidad permitida y manejar todos juntos en armonía.

Cuando la cultura interviene a favor es fabuloso. ¡Pero cuántas cosas tenemos desde una mirada cultural que no son correctas y creemos que sí lo son solo porque la mirada cultural se convirtió en ceguera cultural! Comprender que uno ve y siente desde las emociones producidas por el contexto cultural en el que estoy, me permitirá ser más poderoso y aprender a cada paso dónde estoy, a dónde quiero ir y cómo las influencias culturales externas se tornan a mi favor.

> CUÁNTAS COSAS TENEMOS DESDE UNA MIRADA CULTURAL QUE NO SON CORRECTAS.

Miramos desde la biología

Nuestra biología también produce diferentes sensaciones. Su desarrollo o género activa o mueve sentidos que quizás en otros casos son transparentes. La comida que acostumbramos a comer ayuda a "ver" y a "sentir" de manera diferente. Por eso el comer sano se está transformando en una necesidad nacional. Se ha comprobado cómo muchas veces los desgastes relacionales tienen que ver con el tipo de comida que ingerimos. También influye en las emociones que nos estimulan, a través de nuestra biología, condiciones propias de nuestra genética o de nuestro género. Por ejemplo, es importante para este estudio comprender el tiempo lunar femenino y cómo, en ciertos días, las mujeres pueden tener más o menos propensión a tal o cual estado de ánimo o emoción. Es importante también conocer más sobre cómo, ante diferentes situaciones, nuestras glándulas segregan lo necesario para adecuarnos o responder a la situación.

Sabemos cómo la cultura poco a poco va poniendo su marca en nuestro organismo. Ya no solo se habla de una herencia genética, sino también de una herencia memética. Los genes y los memes producen una tendencia desde la cual observamos. ¿Qué es un meme? Un meme es la unidad teórica de información cultural transmisible de un individuo a otro, o de una mente a otra, o de una generación a la siguiente. Es un neologismo acuñado por Richard Dawkins en *The Selfish Gene* (El gen egoísta), por la semejanza fonética con "gene" ("gene" en el idioma inglés) y para señalar la similitud con "memoria" y "mímesis"[1].

Según Dawkins, poseemos dos tipos de procesadores informativos distintos. Uno es el genoma o sistema genético situado en los cromosomas de cada individuo y determinante del genotipo. Este ADN constituye la naturaleza biológica vital en general, y humana en particular. Mediante la replicación, los genes se transmiten hereditariamente durante generaciones. El cerebro y el sistema nervioso permiten procesar la información cultural recibida por enseñanza, imitación (mímesis) o asimilación, divisible en idea, concepto, técnica, habilidad, costumbre y nominados "memes" con cierta ambigüedad.

La tesis más importante de Dawkins es que los rasgos culturales, o memes, también se replican. Por analogía con la agrupación genética en los cromosomas, se considera que los memes también se agrupan en dimensiones culturales, incrementables con nuevas adquisiciones culturales. Estos "memes" se consideran el otro procesador informativo. Nuestra genética y nuestra memética actúan constantemente en la manera que observamos y cómo los estímulos emocionales pueden movernos o limitarnos.

Miramos desde nuestra historia

La historia deja marcas en nuestro interior que traen distinciones que otros no pueden percibir o creer. Nuestra historia como nación y nuestra historia personal serán una manera de llevar adelante el modo de relacionarnos.

Dios nos ha dado el privilegio de ser coach personal de pastores de diferentes congregaciones, en iglesias con feligresías desde 100 a 80.000 personas en toda Iberoamérica.

Recuerdo que un día tuve dos pastores para *coachear*. Eran bien especiales, ambos, el mismo día, con una gran similitud en su compromiso: querer crecer como iglesia y ser una oportunidad para su ciudad. Uno lideraba una iglesia de 5.000 miembros y el otro una de 200.

El de 5.000 hablaba con naturalidad del futuro y de los miles. Al que lideraba una iglesia de 200 le costaba poder ver que Dios bendijera su sueño de pastorear una iglesia de 1.000. La historia del primero le permitía con naturalidad desarrollarse en medio de la comunidad porque cada semana miles de personas escuchaban sus prédicas, leían sus artículos, lo llamaban con el objeto de contar con él. El de 200 no era peor que el de 5.000, pero cada vez que diseñaba el futuro, su historia y los límites de la misma no le permitían ver la iglesia a la que se había comprometido.

Como su coach, les puedo asegurar que ambos tenían las habilidades, los talentos y el designio de Dios para liderar iglesias de miles. Sin embargo, la historia de postergación, de límites y de no posibilidad que tenía el líder de la iglesia de 200 no le permitía ver que esa era una opción posible.

Muchísimas veces la historia de nuestras congregaciones o denominaciones influye emocionalmente en la manera que tendremos de mirar el futuro. Creemos que eso es todo lo que se puede, que eso es para mí, que la historia tiene razón. Desde ese lugar siento y apruebo lo que hago y lo que estaré haciendo, para luego llegar a estar en los próximos años en el mismo lugar que antes.

¿Te ha pasado también a ti? ¿Será que esa historia que sientes y vives como verdadera es la que no te permite ir hacia la cima de tus posibilidades?

La historia influye en la manera de sentir que tenemos y está en la observación del mundo que iremos creando. ¿Podemos hacer algo con eso? Sí, mucho. En nuestro capítulo sobre reinterpretar el pasado profundizaremos más y te daremos las técnicas para llegar a hacerlo. Por ahora, déjame decirte algo: la historia debe ayudarme a saber de dónde vengo, pero solo mi visión, mi compromiso y la bendición de Dios me llevarán a donde elijo ir.

> SOLO MI VISIÓN, MI COMPROMISO Y LA BENDICIÓN DE DIOS ME LLEVARÁN A DONDE ELIJO IR.

MIRAMOS DESDE EL MEDIOAMBIENTE

Enunciamos que toda emoción es un estímulo que está generado por nuestro medioambiente, por las circunstancias, por las personas, por Dios, por el adversario, por nuestra cultura, por nuestra biología, por nuestra historia. El clima, las mareas y todo caso meteorológico influyen en nuestra percepción y nos incentivan a una manera de ser, en algunos casos de modo que no nos damos cuenta fácilmente.

Hace poco la ciencia descubrió que la luna llena afecta al comportamiento de los seres vivos. Noticias periodísticas manifestaron que la Escuela Graduada de Medicina de la Universidad de Kyoto, en Japón, llegó a esta conclusión[2]. Del mismo modo que los lobos aúllan más, a los búhos les brilla el plumaje y los sapos se juntan para procrear, los seres humanos se tornan más sensibles con la luna llena.

Los estudiosos dicen que la luz que brinda la luna llena es unas 12 o 16 veces más intensa que otras noches, pero eso solo no causa los cambios. Estos son resultado de la diferencia geomagnética y electromagnética que la luna produce. El estudio indica que los rayos de luz perturban la

LOS SERES HUMANOS SE TORNAN MÁS SENSIBLES CON LA LUNA LLENA.

producción nocturna de melatonina. Esa sustancia que el cuerpo segrega induce el sueño, ayuda a regular otras hormonas y mantiene el ritmo circadiano, es decir, el reloj interno de 24 horas del cuerpo. Con el plenilunio, la duración del sueño es de 19 minutos menos que con la luna nueva, que es de 7 horas.

Los científicos terminan sus análisis comentando que esa también es la razón por la que la cantidad de consultas médicas aumenta un 3,6 por ciento. Las personas están predispuestas a salir durante las noches de buena luz y hay mayores posibilidades de sufrir accidentes. Alegan también que esas noches aumentan el mal humor y la depresión, por falta de descanso.

El medioambiente influye poderosamente en las emociones. Los países con climas cálidos generan una tendencia a mayor cantidad de personas con características más extrovertidas y demostrativas que aquellas que viven, desde pequeñas, rodeadas por el frío y la nieve.

Podemos ver cómo hay factores fuera de nosotros que invitan e incentivan a que generemos diferentes tipos de emociones que no son producidas por nuestras verdades personales. Las tomamos como propias, como "auténticas" y como espacios para luego tomar decisiones. Por eso es menester no solo comprender que el medioambiente influye, sino tomar conciencia y producir a nuestro alrededor los entornos en los que deseamos vivir.

Vayamos a lo más simple. ¿Cuántas veces nos ha pasado que en esos días grises solo queremos quedarnos en casa, cerquita del calor, quizás mirando una película en familia y no movernos? ¿O cuando en primavera comienzan a florecer los árboles y uno bajo su sombra siente que está más romántico, más ameno o con mejor humor? No hay dudas. El medioambiente en el que te muevas influye en tus emociones.

¿Seguiré dejando que el clima, la marea, las estaciones, tengan dominio absoluto sobre mí solo porque sigo creyendo que todo lo que siento es verdadero, es mío, es real y es auténtico?

¡Qué buen tiempo para seguir siendo protagonista en medio de las circunstancias que el medio me ofrece vivir, pero sin estar ciego a ellas!

MIRAMOS DESDE NUESTRO LENGUAJE

A través de nuestro lenguaje nos relacionamos y nos ayudamos a generar contextos para sentir y ver una situación determinada, desde esa sensación. Así también nos condiciona. Lo interesante es que del mismo modo que el lenguaje sirve para fundar la razón, puede también ser un excelente vehículo para la sensación. Con la lengua uno puede matar y sanar, dicen las Escrituras. Muchas veces el lenguaje, más que convertirse en un trampolín para nuevos horizontes, se transforma en un techo de nuestros sueños e ideales.

LENGUAJE PARA QUE LAS EMOCIONES TE TENGAN

Moisés los envió a explorar la tierra. Todo el pueblo estaba detenido y expectante de lo que podría suceder. Doce príncipes, de los mejores de los hebreos, estaban listos para saber qué había del otro lado. Comenzaron a subir en el desierto de Zin y lo hicieron hasta Rejob. Luego subieron por el Neguev y llegaron a Hebrón, donde vivían descendientes de Anac. Cuando llegaron al valle, cortaron un racimo de uvas; también granadas e higos.

Al pasar 40 días, los doce hombres regresaron de explorar aquella tierra. Al llegar se presentaron ante Moisés, Aarón y toda la comunidad, les presentaron un informe, les mostraron los frutos de esa tierra y dijeron:

"Al cabo de cuarenta días los doce hombres regresaron de explorar aquella tierra. Volvieron a Cades, en el desierto de Parán, que era donde estaban Moisés, Aarón y toda la comunidad israelita, y les presentaron

a todos ellos un informe, y les mostraron los frutos de esa tierra. Éste fue el informe: —Fuimos al país al que nos enviaste, ¡y por cierto que allí abundan la leche y la miel! Aquí pueden ver sus frutos. Pero el pueblo que allí habita es poderoso, y sus ciudades son enormes y están fortificadas. Hasta vimos anaquitas allí. Los amalecitas habitan el Néguev; los hititas, jebuseos y amorreos viven en la montaña, y los cananeos ocupan la zona costera y la ribera del río Jordán. Caleb hizo callar al pueblo ante Moisés, y dijo: —Subamos a conquistar esa tierra. Estoy seguro de que podremos hacerlo. Pero los que habían ido con él respondieron: —No podremos combatir contra esa gente. ¡Son más fuertes que nosotros! Y comenzaron a esparcir entre los israelitas falsos rumores acerca de la tierra que habían explorado. Decían:—La tierra que hemos explorado se traga a sus habitantes, y los hombres que allí vimos son enormes. ¡Hasta vimos anaquitas! Comparados con ellos, parecíamos langostas, y así nos veían ellos a nosotros" (Números 13:25-33, NVI).

"Aquella noche toda la comunidad israelita se puso a gritar y a llorar. En sus murmuraciones contra Moisés y Aarón, la comunidad decía: «¡Cómo quisiéramos haber muerto en Egipto! ¡Más nos valdría morir en este desierto! ¿Para qué nos ha traído el Señor a esta tierra? ¿Para morir atravesados por la espada, y que nuestras esposas y nuestros niños se conviertan en botín de guerra? ¿No sería mejor que volviéramos a Egipto?» Y unos a otros se decían: «¡Escojamos un cabecilla que nos lleve a Egipto!» Entonces Moisés y Aarón cayeron rostro en tierra ante toda la comunidad israelita. Allí estaban también Josué hijo de Nun y Caleb hijo de Jefone, los cuales habían participado en la exploración de la tierra. Ambos se rasgaron las vestiduras en señal de duelo y le dijeron a toda la comunidad israelita:—La tierra que recorrimos y exploramos es increíblemente buena. Si el Señor se agrada de nosotros, nos hará entrar en ella. ¡Nos va a dar una tierra donde abundan la leche y la miel! Así que no se rebelen contra el Señor ni tengan miedo de la gente que habita en esa tierra. ¡Ya son pan comido! No tienen quién los proteja, porque el Señor está de parte nuestra. Así que, ¡no les tengan miedo! Pero como toda la comunidad hablaba de apedrearlos, la gloria del Señor se manifestó en la Tienda, frente a todos los israelitas" (Números 14:1-10, NVI).

¿Qué hizo que diez de los exploradores hayan visto gigantes y dos hayan visto una tierra entregada que está esperando ser habitada y que fluye leche y miel? Las palabras de estos hombres causaron una reacción enorme e inesperada en el pueblo. Sus emociones y manera de ser cambiaron, al punto que aquellos que los lideraban por poco terminan siendo apedreados.

El lenguaje de una persona o grupos de personas, cuando se les da autoridad por los hechos que describe o el poder con el que declara, puede cambiar la vida de una persona, de un pueblo o de una comunidad.

¿Nos sucede esto en nuestro diario vivir? ¿Somos constantemente tocados en nuestras emociones por palabras que hacen que esté distorsionado el prisma por el cual veo lo que me rodea? ¿Qué palabras escucho? ¿A qué personas les doy autoridad para enseñarme y llevarme a la tierra prometida?

¿A QUÉ PERSONAS LES DOY AUTORIDAD PARA ENSEÑARME Y LLEVARME A LA TIERRA PROMETIDA?

Estos hombres creyeron las palabras y se dejaron tener por sus emociones. Atrapados por la emoción, perdieron la bendición. Eso les hizo perder a algunos 40 años de su vida, antes de entrar en la tierra que fluye leche y miel. Otros, por ese momento, por haberse comportado de ese modo, nunca entraron.

Sabemos que nuestro modo de observar está influenciado por nuestra cultura, nuestra biología, nuestra historia y nuestra forma de hablar. También sabemos que nuestra propia genética tiene un papel preponderante en nuestra manera de mirar y en nuestra tendencia hacia ciertas emociones. Pero si tenemos la opción de ver más, de diseñar un futuro poderoso, de saber quiénes somos y a dónde vamos y de llevar adelante un modelo comunicacional y relacional de excelencia, podremos trabajar con cada uno de estos puntos.

Es momento de que aprendamos a intervenir en las emociones en pos del resultado extraordinario. Para esto, primero tenemos que tomar conciencia de nuestras emociones, luego entramos en el proceso de sacar cosas hacia afuera, y al final la visión nos permitirá ir por más. Esto es lo difícil porque parece que un entrenamiento de emociones es un evento, pero en definitiva, las emociones requieren un proceso.

OBSERVAR MÁS AÚN

Cada uno de los factores que analizamos es un estímulo e influye sobre nosotros y nuestras elecciones. Pero la responsabilidad final es mía. No soy un espectador

APRENDAMOS A INTERVENIR EN LAS EMOCIONES EN POS DEL RESULTADO EXTRAORDINARIO.

de la vida que soy llevado por cualquier viento o influencia. He sido creado con la grandeza de poder tomar decisiones, de elegir, de caminar de una manera especial y única. No puedo permitirme más ser inconsciente de lo que sucede alrededor de mí, en un mundo que maneja los sentidos de las masas para generar reacciones. Tampoco puedo esperar que una pastilla cambie mi manera de sentir o de emocionarme. Puedo ir más lejos que eso. Puedo saber, puedo comprometerme y puedo trabajar con mis emociones de un modo tal, que me haga crecer, ampliar mis superficies y caminar erguido en medio de un mundo que me dice: ¡Siente! ¡Siente y déjanos a nosotras, tus emociones, decidir tu destino!

Comencemos a cambiar la manera de observar y a caminar hacia un modelo que haga salir afuera todo lo que me tiene, para yo comenzar a tener dominio propio.

UN MODELO HOMEOPÁTICO

Si comparáramos este proceso con la medicina, el que te presentamos en este escrito es un modelo más homeopático que alopático. No es un modelo donde le damos una píldora al paciente y que con ello logre tener en orden las emociones; sino empiezan a salir cosas, como la homeopatía, que al tomar un producto recetado por el médico te genera efectos en la piel, y resulta que el cuerpo está produciendo esa misma sanidad, sacando de adentro lo no deseado.

El solo hecho de sacar afuera muchas emociones y decidir trabajarlas tomando conciencia, les permitirá comenzar a aplicar lo leído, lo cual se irá incorporando poco a poco a sus vidas. Tenemos que entender que venimos de la creación de Dios, con un montón de cosas que a veces queremos eliminar porque nos molestan y no las sabemos manejar. Simplemente tiene que ver con el sueño de Dios y cómo Dios nos quiso hacer. A veces decimos: ¡Ay, pero yo soy demasiado emocional!

Quizás tienes que aprender a intervenir en las emociones, pero tener emociones y sensibilidad es el sueño de Dios para tu vida porque te creó con un propósito. Sin embargo, cuando las emociones se adueñan de ti, eso se convierte en un problema porque Dios no hizo las emociones para que te tengan, sino para que tú las tengas.

DIOS NO HIZO LAS EMOCIONES PARA QUE TE TENGAN, SINO PARA QUE TÚ LAS TENGAS.

Cuando no miramos nuestras emociones, estas terminan teniéndonos a nosotros. Seremos capaces de mirarlas cuando tengamos las herramientas, y eso nos ayudará a disfrutarlas conforme al diseño de Dios para nuestras vidas.

EMOCIONES QUE TE HACEN MIRAR

Salieron de prisa… Ángeles enviados por Dios más el hombre en el que Dios confiaba fueron en su auxilio. Se habían metido en problemas; sin embargo, no serían dejados allí. Pero al ir hacia el futuro, ella eligió mirar hacia atrás. Ni Dios, ni ángeles, ni el hombre de Dios, ni siquiera su esposo pudieron ayudarla, y se hizo polvo… literalmente polvo.

Esta es la historia de la esposa de Lot, el sobrino de Abraham. Pero puede ser la tuya o la mía. Cuántas veces nos quejamos de que Dios no nos da lo que queremos y no nos damos cuenta de que Él nos está dando lo mejor que tiene, pero necesita que yo deje de mirar hacia atrás y comience a mirar hacia adelante. Lo que siento acerca de lo que dejé atrás puede hacerme polvo y no permitirme construir un futuro en abundancia.

¿Dónde estás poniendo tu mirada? ¿En el medio del socorro de Dios? ¿En todo lo que dejas? ¿En todo lo que pierdes? ¿O en el futuro promisorio junto con el Creador del universo?

VER O NO VER... ESA ES LA CUESTIÓN

¿Qué estás viendo? ¿Dónde tienes puestos tus ojos?

Dios había cuidado de Lot de una manera especial. Con cada uno de esos actos le demostraba todo lo que lo amaba y su deseo de redimirlo, de sacarlo de en medio de la adversidad y llevarlo hacia una nueva tierra. Sin embargo, Lot eligió poner sus tiendas hacia Sodoma. Sintió que lo mejor estaría allí, y al creer que sus sentimientos eran la realidad absoluta, se dejó llevar por ellos. Él había puesto sus tiendas mirando hacia la tierra y las posesiones, mientras su tío había puesto sus tiendas mirando hacia arriba, con el corazón haciendo foco en la voluntad de Dios.

Recuerda... Donde pongo mis ojos tiene que ver con donde antes puse mi compromiso. Y donde tengo mi compromiso, está mi corazón.

DONDE TENGO MI COMPROMISO, ESTÁ MI CORAZÓN.

Lot estaba comprometido a tener más, a regodearse en los placeres y en aquellos que vivían igual que él. Con el tiempo, terminó en medio de una gran cantidad de problemas y circunstancias.

AUNQUE NO VEAS... ¡ÉL TE VE!

Dios sacó a Lot y a su familia de allí. Lo hizo para que mirara hacia delante, para que dejara de mirar las cosas de este mundo o dejara de poner su confianza en el hombre... para que mirara hacia las cosas de Dios y estuviera comprometido con aquello que hizo que Abraham no solo fuera rico, sino también bendito.

A pesar de que Lot se dejó llevar por deseos engañosos, Dios eligió sacarlo de allí junto con su familia. Dios deseaba que Lot no fuera teñido por sus emociones, sino se elevara más allá de ellas.

Parecía ser que se había entendido. Corrían rápido salvándose de en medio de la ciudad, que tragaba a sus habitantes y los volvía ciegos y limitados. Sin embargo, sucedió algo trágico. En medio de la carrera, su esposa decidió mirar hacia atrás. ¡Vaya a saber uno qué fue lo que la hizo volver su mirada hacia el pasado! Lo cierto es que eso la petrificó. Antes de girar su rostro, ella ya se había comprometido con lo que quedaba atrás, y eso la llevó a quedar detenida en el pasado como una estatua de sal.

Podemos ser observadores poderosos si miramos hacia aquello que Dios pone delante de nosotros. Cuando miramos para atrás, la historia, el lenguaje, la biología, el medioambiente, la cultura, pueden convertirnos en sal. Pero solo si lo permitimos.

Las emociones generadas por estos espacios pueden tomar nuestro modo de observar, de tal modo que nos convirtamos en una estatua inmovilizada por el ayer y sin posibilidades de mañana. Cuántas personas hay hoy día que son como la esposa de Lot, que a pesar de que Dios desea sacarlas y llevarlas a un futuro promisorio en el medio de la salida, rodeadas de milagros, de ángeles y de creyentes comprometidos, vuelven a poner su compromiso y su mirada en las cosas de ayer. Y quedan allí petrificados, a medio camino, sin poder recibir la bendición de Dios por tener su mirada puesta en el pasado.

Cómo no paralizarte y ver más

Para ver lo que hasta ahora no has visto, tienes que estar comprometido con mirar hacia adelante y hacia arriba. Para que las emociones no te tengan, debes trabajar con ellas desde tu compromiso a ir hacia el futuro. Toda mirada hacia atrás seguramente te demorará, te detendrá o peor aún, te paralizará.

> PARA VER LO QUE HASTA AHORA NO HAS VISTO, TIENES QUE ESTAR COMPROMETIDO CON MIRAR HACIA ADELANTE Y HACIA ARRIBA.

Hoy es un buen día para mirar hacia todo aquello que puedes diseñar, que puedes construir. Dios quiere que veas cuando viene el bien y que estés tan pendiente de eso que tu caminar esté rodeado de su bendición.

Al ver las emociones como un estorbo, no podemos intervenir en ellas poderosamente. Las emociones son una herramienta. Disfrutemos las emociones. Dejemos que las emociones aparezcan. Ellas nos irán contando nuestra relación con el medioambiente, con nosotros mismos y con Dios.

La emoción es un medio por el cual se va generando una gran cantidad de relaciones con las circunstancias, con las situaciones, con las personas, con Dios, con el adversario, con mi cultura, con mi biología. Probablemente hay ciertas emociones que a unos les funcionan de una manera y a otros de otra.

CAPÍTULO 5

LOS 7 PUNTOS DEL FRACASO EMOCIONAL DE UN LÍDER

¡Qué pena que uno llega al liderazgo con el ánimo de ser una posibilidad para otros y muchas veces termina aislado, o fuera de la compañía o la organización! Muchos líderes que en espacios anteriores eran poderosos y empáticos, al llegar a la cima de la influencia y de ejercer acciones que lleven a la organización a lugares poderosos, no pueden lograrlo.

Un amplio porcentaje del fracaso de los líderes no es por falta de conocimiento ni por falta de experiencia. Aunque para algunos sea una novedad, tampoco es por falta de compromiso. Es que muchos fracasan porque no se han preparado emocionalmente para tal lugar. En un modelo de acciones donde las preparaciones son ejercidas en el conocimiento y en la práctica, la falla en lo interno, en lo emocional, es alta. Muchos siguen creyendo que las emociones son su manera "verdadera" de percibir el mundo, y eso lo empeora.

GRANDES ORGANIZACIONES TOMADAS POR LA INESTABILIDAD EMOCIONAL

Me viene a la memoria un líder de una gran organización que tuve la oportunidad de *coachear*. Estaban bajo su cargo 200.000 personas y su presupuesto de millones de dólares lo llevaba a tomar cada día decisiones que afectaban a muchos. Pero lo primero que noté es cómo esas decisiones lo afectaban a él.

A pesar de que estoy hablando de una organización cristiana, el hombre vivía medicado. Los tranquilizantes habían ocupado el lugar que, cuando joven, ocupaban la oración y la pasión. Tantos años dentro de un modelo y una estructura de siglos anteriores lo habían llevado a ser un experto en manejo de situaciones, mas no de sus propias emociones. Su salud estaba quebrantada. Había momentos cuando tenía que meterse en una tina de agua fría para contrarrestar los calambres que sufría todo su cuerpo.

Si era o no feliz con lo que hacía, no puedo decírtelo. Lo que sí puedo asegurarte es que su cuerpo le hablaba constantemente de lo que le estaba costando el modelo emocional que había elegido llevar adelante. También su gente notó el cambio. Al llegar a la función que debía emprender, tuvo que hacerse cargo de bajar el presupuesto. Tiempos difíciles, modelos arcaicos, gastos que no coincidían con lo que sucedía e ingresos en baja lo llevaban a ser el líder de la reorganización. Pero los procesos de reestructuración en las compañías pueden llevarse a cabo de modo que potencien el sistema y a sus miembros, o que los resquebrajen. Y esto segundo pasó. La gente que trabajaba a su alrededor era más lo que hablaba a sus espaldas que lo que le decía de frente.

No fue así desde el principio. Muchos vieron en su sonrisa y su caminar cansino una muestra de su santidad, pero al actuar, los ejecutivos medios comenzaron a desconfiar. Ante las decisiones, cambiaba rápidamente, era drástico y despiadado a la hora de conversar con las personas sobre su futuro, y cada vez que debía hacer algo nuevo venía cargado de consecuencias.

Cuando entró en proceso de *coaching*, pude notar a un gran hombre detrás de todo lo que estaba sucediendo, pero su manejo emocional en esas áreas era más fuerte que él. Si tú lo escuchabas predicar, era increíble cómo Dios lo usaba y la manera de dibujar con las Escrituras imágenes que se hacían vivas en el corazón de quienes lo escuchaban.

No obstante, ese hombre quedaba relegado cuando tenía que llevar a cabo política organizacional, desarrollo corporativo y manejo de diseño de acciones para salvar estructuras sin importar las personas. Con el tiempo, la gente comenzó a alejarse. Quedaron a su alrededor personas que tenían poco interés en lo que sucedía o pocas habilidades. Todo eso hacía que los problemas se acentuaran más y más.

PREPARADOS, PERO INESTABLES

Esto mismo les sucede a muchos líderes en organizaciones en este siglo. Están altamente preparados para llevar adelante la tarea en cuanto a conocimiento y práctica, pero lejos del modelo emocional y relacional que estos tiempos requieren. Por eso las grietas se acentúan, las divisiones aparecen, y los que te siguen comienzan a mirar hacia los costados buscando nuevos horizontes.

LOS ESTUDIOS HABLAN

Numerosos estudios realizados durante años por expertos en liderazgo llevan a la conclusión de que son siete las áreas a las que se adjudica el fracaso emocional de ciertos líderes que no logran resultados o empañan sus resultados por su modelo relacional. Las mismas no involucran solo el lenguaje, sino también las posturas físicas y la emocionalidad expresada.

1. FLEXIBILIDAD

Hay líderes que demuestran ser intelectualmente poderosos, pero caen porque son incapaces de adaptar su estilo a los cambios en la cultura organizacional, o de cambiar en respuesta al *feedback*. No son permeables a escuchar y aprender.

Si salió bien ayer, eso no significa que tenga que salir bien mañana. Solamente dispuesto a ver lo que hasta ahora no viste, puedes llegar a los lugares que hasta ayer no pudiste ver.

El modelo de la razón creó una gran cantidad de sabelotodos para un mundo que ya no existe. Son personas a las que les cuesta darse cuenta de que al vivir en un mundo de constante cambio, deben permitirse vivir en un constante aprendizaje. Pero si emocionalmente soy un ser cerrado a las opciones o a las personas, si solo me relaciono por la acción y no por el otro, o si converso desde el conocimiento que tengo de algo y no desarrollo espacios para que otros puedan opinar, puedo estar cerca de fracasar.

Aquí quiero detenerme para hablarte de un caso que al elegir el camino del aprendizaje, eso le permitió trabajar en sus emociones.

Líder de una de las iglesias más grandes de una importante ciudad americana, construyó a fuerza de esfuerzo y constancia uno de los más bellos templos que pude conocer. Era uno de esos lugares para unas tres mil personas sentadas con comodidades para niños, jóvenes y jóvenes adultos en la misma proporción, estacionamiento, buenos lugares para llegar e irse, y el mejor desarrollo decorativo para bendecir a la gente.

Su templo está ubicado en una zona donde no hay otro como ese. Es la gran iglesia del lugar que alberga a miles y miles de personas, y muchos otros miles se alinean como iglesias hijas, en diferentes lugares de la ciudad, de otras ciudades y de otros países. Todo está dado para que nada más tenga que suceder, para que su palabra sea verdad absoluta y que todos y todo se mueva como él diga. Sin embargo, en su caso no es así. Una de las razones por la que su iglesia y su organización siguen creciendo es porque vive en constante aprendizaje, generando *feedback* y siendo permeable para escuchar y aprender.

Lo que no te he mencionado todavía es que quien les hablo, al momento de yo estar escribiendo estas líneas, tiene ¡73 años! Sí, escuchaste bien... ¡73 años! Y sigue de pie con gran cantidad de discípulos siguiendo su liderazgo y aprendiendo de él. Le escuché decir cómo hace poco pudo ver que las cosas debían hacerse de este otro modo, y que ni lerdo ni perezoso se puso manos a la obra para que los cambios se produjeran rápidamente. No es alguien que provenga de un modelo de cambios, sino todo lo contrario.

Él mismo perteneció por muchos años a una denominación que realiza cambios puntuales y pequeños cada cinco años y con el aval de una buena cantidad de consejeros que los aprobarán. Pero él fue más allá, y eso hizo que no fracasara. Creo seriamente que esa obra continuará por muchos años, dado el modelo que el líder está desarrollando.

2. Vínculos

El segundo punto que se reconoce como causa del fracaso emocional de los líderes se relaciona con los vínculos. Hay líderes demasiado críticos, exigentes e insensibles y enajenan a quienes trabajan con ellos. No saben establecer vínculos genuinos.

Creo, sin ánimo de equivocarme, que este es uno de los fracasos emocionales más fuertes que sufren los líderes cristianos. Además, se convierte en una de las razones que más aleja a la gente de las organizaciones cristianas. He visto en líderes seculares o de empresas no cristianas muchísimos más vínculos genuinos que en las que deberían tenerlos. Gracias a Dios estamos en un tiempo de renovación. Creemos firmemente que una nueva reforma está sucediendo en el cristianismo y tiene tanto que ver nuevamente con nuestra relación con las Escrituras.

Mientras en la época de Lutero la Palabra de Dios estaba oculta para las personas, hoy día nos encontramos que muchos están ciegos para poder ver el manuscrito sagrado. Tantas mañas, modelos, estructuras o formas han hecho que las Escrituras se llenen de polvo, no porque no existan Biblias, sino porque quienes las sostienen en sus manos hacen que las personas pierdan interés de escuchar lo que dice dentro.

Pero cada vez más líderes están poniéndose de pie, descubriendo o quitando el velo de aquello que no nos hace influyentes en nuestras sociedades. Están siendo capaces de ser puentes para que más y más personas puedan llegar a Dios a través de las Escrituras, elegir qué tipo de emociones llevar adelante y permitirle a Él que sea quien lidere sus vidas, sus emociones y sus estados de ánimo.

El fracaso emocional está en aquellos que se convierten en demasiado críticos. Lo que los hizo llegar a ser líderes renombrados tuvo que ver con su agudo sentido de la observación en tal o cual área en la que se desempeñan y para la que fueron elegidos. Sin embargo, con los años y con el desmedido crecimiento, esa observación se convierte en una crítica constante de todo y de todos, como si solamente por sus ojos pasara la voluntad de Dios y nadie más a su alrededor pudiera hacer o ser de una manera

> **EL FRACASO EMOCIONAL ESTÁ EN AQUELLOS QUE SE CONVIERTEN EN DEMASIADO CRÍTICOS.**

poderosa. Llegaron a estar más preocupados por el mensaje que por aquellos a los que dirigían el mensaje. De ese modo, llegaron a decir y a hacer cosas que rayan en la locura, pero que sabemos que solo son un destello de su fracaso emocional.

Hago memoria de aquel líder de un ministerio cristiano americano que cuando dijo la frase que te voy a contar, tenía sede en 50 países y más de 500.000 miembros. Él dijo, de manera solemne: "En cuanto a la Palabra, no tengo amigos".

Obviamente, el sentido de ser férreo con las Escrituras y que estas habiten en nuestro corazón más allá de cualquier persona o situación es, en el fondo, lo que conlleva esta frase. Sin embargo, con el tiempo, sus acciones demostraron lo contrario y su organización, 25 años después de su fallecimiento, casi no existe.

Críticas y críticas llevaron a que las personas alienaran creyentes con el solo objetivo de mantener la Palabra de Dios en alto. Pero solo mantuvieron sus ansias de poder, su egocentrismo y su ceguera relacional. Las consecuencias fueron que fracasaron. Pudieron ser una posibilidad para el mundo cristiano, pero se convirtieron en una opción que nadie quería imitar; ni los que se fueron, ni los que nunca entrarían.

El fracaso emocional en esta segunda opción implica también falta de sensibilidad y exigencia desmedida. Los líderes que no lograron ser una opción por su desempeño emocional se relacionan con la gente desde la exigencia constante. Es bien importante movernos en base a compromisos, pero no en base a los compromisos de la organización, sino a los compromisos de la gente.

Hay una gran diferencia entre uno y otro. Estamos viviendo en mundos donde los objetivos y las recompensas por esos objetivos se desarrollan por personas que nunca estuvieron en el campo de batalla y que solo conocen de números, estadísticas, motivaciones y manejo sensorial. Eso hace que los compromisos de la organización se conviertan en la "exigencia" del líder, más allá de las personas.

¿Por qué no preguntarnos a qué está comprometido cada uno de los que trabajan con nosotros? Probablemente nos encontremos con *sorpresas.* Nos encontraremos con personas que abrazan con pasión los compromisos planteados y otros que no. Ahí es donde viene el trabajo del líder.

En vez de ser exigente sin flexibilidad, comprometido con los números u objetivos que la organización ha planteado, lo vemos abriendo espacios con la gente, ayudándoles a elevar su compromiso, aceptándoles el compromiso que tienen y haciendo diferentes acuerdos sobre el mismo.

Los líderes que fracasan emocionalmente en este punto no establecen relaciones genuinas. Tienen relaciones por compromiso, en vez de estar comprometidos a la relación. No mantienen sus relaciones y todos se dan cuenta de que no son genuinas.

LOS LÍDERES QUE FRACASAN EMOCIONALMENTE NO ESTABLECEN RELACIONES GENUINAS.

Otro de los casos que tuve que *coachear* era el de un vicepresidente de ventas de una corporación multinacional. Desde que aceptó el desafío, él hizo propia la visión de la organización y su agenda era constantemente la agenda de la compañía. Pero no podía llegar a acuerdos sólidos y a formar un equipo poderoso con su líder, el Presidente de la compañía. Se debía a algo muy simple; tenían diferentes agendas. Mientras que el VP pensaba en la agenda de la compañía, el Presidente pensaba en su agenda y su desarrollo en la organización internacional. Su vínculo no era genuino, y esto se vio en los momentos de presión. Cuando hubo que elegir responsables por el trabajo sin resultados, quien primero salió de la compañía fue el VP.

Si no puedes ser genuino en la manera de relacionarte y tu agenda es otra, tus intereses son otros, o eres insensible con quienes tienes alrededor, posiblemente haya consecuencias. Lo interesante es que la gente de un modo u otro se da cuenta. Sin decirlo, rápidamente te quitan el apoyo, trabajan a reglamento, piensan solo en ellos y no en el bien común, no se suman contigo ante tu pedido de esfuerzo extra y todo termina desmoronándose.

Con crítica, insensibilidad y relaciones no genuinas se puede llevar adelante una organización del siglo XIII, pero no del siglo XXI. Si ese es el modelo en el que vives, ya sabes por qué no creces. Hoy puedes elegir ir por un desarrollo más poderoso para lograr lo extraordinario en tu vida y en tu organización.

3. AUTOCONTROL

El tercer caso de líderes que fracasan emocionalmente es el autocontrol. Tienen poca capacidad para trabajar bajo presión y tienden al aislamiento o los estallidos de ira. Pierden la compostura, la calma y la confianza en situaciones de crisis y de estrés. Estos líderes que fracasan emocionalmente son quienes han hecho un gran trabajo en saber, pero les faltó tiempo en ensanchar su superficie emocional. Ante la presión, estallan en ira. Muchos son muy buenos en el diagnóstico, pero pierden en la presión.

¡QUE NO SE PONGA EL ENOJO SOBRE VUESTRO SOL!

Había conseguido todo lo que se había propuesto. Vivía como muchos deseaban, lideraba junto a su esposa a miles de personas en su país, y sus ingresos le permitían una vida amena y apacible. Sin embargo, cuando las cosas no salían o las personas que él consideraba inteligentes realizaban actos que él consideraba estúpidos, se enojaba. Y se enojaba mucho. Llegó a nuestras sesiones siendo muy reconocido, pero en su techo. No tenía más opciones desde allí en adelante y tenía que comenzar a construir de nuevo. Su manera de ser no le alcanzaba para ir más allá.

En la sesión de esa semana llegamos a su grado más alto de impotencia y lloró. No era un niño que pudiera dejar que sus lágrimas corrieran por sus ojos sin más, y pocas veces lloraba de ese modo. Sin embargo, ese día era tal la impotencia, la rabia, las ganas de que las cosas fueran diferentes, que solo sus lágrimas podían acercarse a tanta desazón.

Ver a un empresario llorar porque la vida no estaba siendo como él deseaba no es algo que me guste, aunque en las sesiones de *coaching* de los últimos años hemos visto muchas cosas. Pero sus lágrimas eran porque en los círculos donde nuestro hombre deseaba moverse, cuando alguien decía algo que no tenía que ver con su perspectiva, él comenzaba con una andanada de "verdades". Sus verdades, que nadie aceptaba, lo enojaban y eso era peor.

MUCHOS CASOS SOBRESALTADOS

Quiero decirte que no es el único caso que hemos *coacheado* en estos años en que sus emociones los traicionaban. Tantas veces vimos casos así: cantidad de líderes que fueron dejados a un lado por su manera de llevar adelante sus sentimientos, sus emociones… defendiendo la justicia… exhibiendo una forma que no conectaba. Es peor aún cuando tienen mucho poder y nadie se anima a hablarles; o peor de peor, cuando tienen mucho poder y nadie está interesado en ayudarles. Se percibe claramente el estilo que los llevará al fracaso cuando gritan y se desesperan, tratando mal a todos en los momentos de presión y de circunstancias negativas.

Si vives cerca de uno de aquellos que tratan mal a la gente o insultan ante la presión, quiero que sepas que estás cerca de un líder que tiene grandes posibilidades de fracasar, no por sus habilidades o por lo que Dios le ha dado, sino por su mal manejo de las emociones. Analiza seriamente qué harás.

Si eres uno de ellos, déjame hablarte de manera especial. Permítenos ayudarte. El modelo que usas es el que crees que tiene resultado. Y quiero decirte que el poder coercitivo amenazante, inquisidor, acabará con tu vida. Tu cuerpo es una máquina diseñada por Dios para trabajar en paz. Cuando la esfuerzas más de la cuenta por un tiempo, puede resistirlo, pero cuando ese es tu estilo de vida, no solo te quedarás sin gente; te quedarás sin vida. No fue diseñada para eso.

Algo más… Uno a veces se comporta de ese modo porque cree que es la única manera de hacerlo, y hoy día las cosas no funcionan así. Está demostrado; las encuestas hablan por sí mismas. La gente desea trabajar con gente que les estime, en

> TU CUERPO ES UNA MÁQUINA DISEÑADA POR DIOS PARA TRABAJAR EN PAZ.

lugares donde encuentren pertenencia y donde puedan sentirse amados genuinamente. El modelo de grito y control coercitivo llegó a funcionar algo en el siglo pasado, donde importaba la razón más que la relación; el mensaje, más que el mensajero. No funciona así en este siglo, donde no podrás llegar muy lejos con este modelo.

No formes parte de la larga lista de desempleados que nadie quiere ayudar porque cuando fuiste su líder solo te importó gritarles, desconfiar, perder la calma y buscar controlarlo todo. Cambia hoy que puedes. Verás que el modelo de ser una posibilidad de trabajar en equipo, de hacerlo con calma, de echar tu ansiedad sobre Él porque Él tiene cuidado de nosotros como alienta Jesús en la Biblia, te dará más resultado, un equipo más sólido y una vida más sana.

4. Responsabilidad

Los líderes que fracasaron emocionalmente (donde deseamos que tú no estés) son aquellos que reaccionaban frente al fracaso y las críticas en forma defensiva, negando, escondiendo o culpando a otros. No se hacían cargo de sus errores ni de corregirlos. Un sinfín de situaciones sucede cuando algo no sale bien, y uno puede ser un abanderado de la justificación y la excusa, o ser un aprendiz de los fracasos. Los que han caído emocionalmente son quienes ante el fracaso, ante las críticas, sacaron afuera la responsabilidad.

Quienes fracasan emocionalmente ante la responsabilidad son aquellas personas que entienden que responsabilidad es la culpa o el cargo y que siempre tiene que ver con situaciones, personas o circunstancias fuera de él y no dentro de él, sin comprender que hasta la misma palabra "responsabilidad" significa "habilidad para responder".

> ## Uno nunca aprende del éxito, pero sí puede aprender del fracaso.

Si tengo la habilidad para responder ante la crítica, haré de ella un gran aliado de quien elijo ser y todavía no lo logro.

Uno nunca aprende del éxito, pero sí puede aprender del fracaso. El mismo fracaso te va a enseñar cuando te encaminas a ser uno con él y no reaccionas a la defensiva, sino te comprometes a transformarte para que él mismo te sirva de escalón para llegar al siguiente nivel.

Si te defiendes ante cada situación que sucede, eso habla de ti, no de la situación, y rápidamente repercutirá en tu organización. Si eres de aquellos que viven defendiéndose de lo que los demás no hicieron o hicieron mal, en vez de hacerte cargo de que como líder tú llevas adelante tu equipo, posiblemente cuando menos te des cuenta, los demás también harán lo mismo.

Las organizaciones que viven justificándose, que no se animan a más por miedo a fracasar y a la crítica de otros, que se defienden constantemente, que solo hacen lo necesario y que para mover un dedo hay que hacer un esfuerzo sobrehumano, están lideradas por aquellos que reaccionan; no se hacen responsables de su liderazgo; no entienden el sistema completo; y creen que los demás siempre son y así seguirán, sin posibilidades de cambios.

Para poder darte cuenta de esto, pregúntate: ¿Quién estoy siendo yo para que el otro sea? ¿Será que yo les he enseñado a vivir en ese lugar, que hemos creado una cultura reaccionaria, poco responsable y justificándose de todo?

El fracaso no viene solo. Es el fin de muchos avisos que tuvimos en el camino. Es hora de empezar a leerlos para ser poderoso, para ir por más, para que no fracasemos y podamos ampliar nuestra superficie emocional como líderes, en un milenio que necesita de hombres y mujeres con la habilidad para responder ante cada situación, teniendo la flexibilidad para aprender de todo y de todos, abriendo sus brazos en señal de identidad pública y dejando el puño cerrado con el que se identificaban en el baúl de la historia.

> EL FRACASO NO VIENE SOLO. ES EL FIN DE MUCHOS AVISOS QUE TUVIMOS EN EL CAMINO.

5. Generosidad

Se ha demostrado que fracasan emocionalmente los líderes que no cuentan con esta distinción en su liderazgo. Hay líderes demasiado ambiciosos, dispuestos a ganar ventaja a expensas de los demás. No muestran integridad ni prestan atención a las necesidades de los subordinados o colegas.

Es el mal de este siglo. Pareciera que los negocios o llevar adelante un cambio va paralelo a tus principios. Vemos a tantos tomar cursos de técnicas para prepararse para el cambio o de maneras de llevar las cosas adelante en estos tiempos, pero también vemos una nube de transparencia en cuanto a la manera, a los modos.

¿El fin justifica los medios? Maquiavelo es ahora nuestro nuevo líder. Causa escozor leer que entre los libros más vendidos están los que solo hablan de ti y de ti y nada más que de ti; ver qué debes comprar y vender, sin importarte quién hay detrás de todo eso; que si fuera necesario, cambia de padre y búscate uno rico para que la impiedad ya no venga con un cargo de conciencia; y que el éxito sirva para tapar todo y a todos los que dejaste en el camino.

Pero ¿sabes? Los que llegaron allí, lo saben. Quizás no tú porque no llegaste y piensas que ese es el camino a la felicidad, pero déjame decirte: ellos lo saben. Detrás de todo éxito vacío, solo hay más vacío. No te dejes engañar como líder y creas que el fin justifica los medios. Deja de pensar que te levantarán una estatua frente a la sede central de tu denominación porque equilibraste las finanzas. Serás medido con la misma vara con la que mides.

> ## Detrás de todo éxito vacío, solo hay más vacío.

El mal de este siglo es pensar que "negocios son negocios" y que eso cubre y tapa todo movimiento que hagas. Y no funciona. Te puede traer éxito momentáneo, pero no funciona para que no fracases, para que las emociones no te tengan, para no ser un despiadado exitoso líder. Si te pones en esa fila, ella lleva a la desazón, a fracasar emocionalmente, a perder conciencia del verdadero camino, de la verdadera verdad, de la verdadera vida... que la hay... que se puede vivir, pero te necesita íntegro. No con dobleces que queden marcados y se noten en tus formas, sino íntegro que puedas mirar a Jesús a los ojos y que Él pueda decirte *"... buen siervo... has sido fiel..."* (Lucas 19:17, NVI). ¿Puedes hoy hacerlo?

Con la excusa del logro, de ir por más cueste lo que cueste, algunos van por el desfiladero. Esto no sucede solo con hombres y mujeres de negocios. Sucede mucho en organizaciones cristianas, donde el fin justifica los medios, donde el fin justifica los voluntarios que mueran en el camino. ¡Qué pena!

LE IMPORTABA LA IGLESIA MÁS QUE LA IGLESIA

Algunos casos son muy sutiles. Más de 20 años llevamos ayudando a la gente a vivir una vida en abundancia y a ir por lo extraordinario. Miles de horas hemos invertido en escuchar la visión de hombres y mujeres que lideran a cientos de miles en Iberoamérica. Esto en muchos casos se convertía en más importante que el proceso. A veces, el fin de llegar era lo único. No importaba a quién o qué dejabas en el camino.

Me viene a la memoria un pastor que abrió su iglesia con gran ímpetu. Muchos lo siguieron por su bondad, por su hombría de bien, por su deseo de servir. Pero en el camino, la ambición lo pudo. No llegó a ver la importancia de sembrar en buena tierra, y levantar la iglesia se convirtió en más importante que la Iglesia en sí. Las personas que lo seguían lo hacían con gran agrado y compromiso, pero comenzó a mentir. Usaba el púlpito y las palabras para acomodarlo todo conforme a lo que deseaba que sucediera. Inventaba cosas, hacía uso de las ofrendas y pergeñaba estrategias para crecer.

La gente empezó a irse. Cuando se trató de ayudarlo, no aceptó que nadie le dijera nada. Al poco tiempo, perdió la iglesia que Dios le había dado. Su ambición, su falta de integridad, su manejo de las personas lo llevó a fracasar. No se había preparado emocionalmente para lo que venía y tampoco permitió ayuda cuando aparecieron su falta de preparación y de compromiso con el aprendizaje. Y fracasó.

6. HABILIDADES SOCIALES

Otra de las causas por las cuales los líderes de este siglo fracasan emocionalmente porque sus emociones los tienen (en vez de tener emociones) es por su falta de habilidades sociales.

Usualmente, los que entran en este desfiladero son los que comienzan a transitar el camino siendo cáusticos, arrogantes y propensos a intimidar a sus subordinados. También su falta de mirada desde el otro los convierte en engañosos y manipuladores.

El lenguaje no es inocente, y la manera en que te relacionas verbalmente con otros marcará mucho de lo que suceda mañana. El futuro lo construyes hoy y es en el día a día que diseñas lo que vivirás permanentemente. El lenguaje de este tipo de líder es cáustico. Definimos cáustico al líder que por no poseer una manera de relacionarse seria y adulta, usa la acidez para decir lo que no se anima a decir de manera respetuosa.

> EL FUTURO LO CONSTRUYES HOY Y ES EN EL DÍA A DÍA QUE DISEÑAS LO QUE VIVIRÁS PERMANENTEMENTE.

Las investigaciones han comprobado que el liderazgo que se cubre bajo la acidez para relacionarse con otros no tiene futuro. La gente sabe que del mismo modo que él habla de las cosas o de otros, en algún momento hablará de ellos. Del mismo modo que se muestra arrogante porque se las sabe todas y él está en control de todo y de todos, en algún momento lo hará con otros.

Una de las cuestiones que más tenemos que trabajar en las organizaciones es que puedan ayudar a su gente desde la previsibilidad y la manera respetuosa y adulta de referirse a ellos. Las conversaciones informales, la arrogancia y la acidez en los comentarios crean climas de inestabilidad donde nadie está seguro del futuro. En los tiempos que corren, si no tienes futuro, te abruma el presente o te anula el pasado. Para generar una organización dinámica, no podemos permitir una manera de hablar con los otros que no sea creativa, productiva y generativa.

A veces la acidez se usa para hablar de alguien de manera sutil. En el fondo, lo que está sucediendo es la falta de compromiso de ese líder en la transformación y el aprendizaje de quien está a su cargo. El líder no dedica tiempo a amarle, a ver lo mejor de él, a ayudarlo más allá de sus posibilidades actuales. No se relaciona con esa persona sobre la base de quien puede llegar a ser, sino sobre la base de quien está siendo.

El usar modelos tangenciales (no decir de manera directa las cosas) y hablar de manera irónica o ácida solo habla de poco compromiso con las personas, y de su falta de habilidades para ser profundo en la ayuda y el liderazgo. En cuanto a los arrogantes, sabemos que su caída hace más ruido. El mirar las cosas desde arriba y no de forma elevada, te lleva a separarte de la gente.

Mientras el arrogante cree que tiene la verdad absoluta, no se da cuenta de que su mirada lo aleja de su gente, lo aleja del llano, lo aleja de la vida cotidiana. Nadie se anima o se interesa en darle *feedback* porque se sabe que él tendrá una respuesta para todo. El arrogante mantiene en su propia necedad su control emocional y desde allí lo ve todo, o mejor dicho, no ve nada.

> EL MIRAR LAS COSAS DESDE ARRIBA Y NO DE FORMA ELEVADA, TE LLEVA A SEPARARTE DE LA GENTE.

Muchas organizaciones, e inclusive países, han caído por esa enfermedad emocional llamada arrogancia. La Biblia bien dice que si uno es humilde será exaltado. En la humildad está la posibilidad de reconocer otras opciones, otros pensamientos, que otros puedan y se acerquen a hablarte y que no fracases emocionalmente por falta de habilidades sociales.

Muchos andan solos por la vida, rodeados de gente, acompañados únicamente por sus pensamientos sobre sí mismos, como si estuvieran en un bello paisaje desde un globo aerostático. Mientras otros comparten juntos la vida cotidiana, los arrogantes usan la acidez para hablar de lo pequeños que son todos, sin darse cuenta de lo solos y endebles que están. Al primer viento fuerte de presión, vuelan para otro lado.

Este es uno de los males que más afecta a las organizaciones hoy día y que no se dice. Se permite la arrogancia como muestra o símbolo de poder, y la acidez como muestra de inteligencia.

MANTENTE CON LOS PIES EN LA TIERRA Y LA MIRADA EN EL CIELO.

Déjame decirte que la arrogancia es símbolo de inseguridad y la acidez, de necedad. Solo llevan al fracaso. Para caminar confiados en el mundo de hoy, de relaciones, mantente con los pies en la tierra y la mirada en el cielo, para ver cómo Dios ve cada situación y poder ser parte de cada acción con tu equipo, como uno más. Esto hará que tu equipo sea poderoso y que tus emociones sean conducentes al éxito general y personal.

7. RESPETO Y COOPERACIÓN

La falta de respeto y de cooperación se suma a esta lista probada de distinciones que llevan a muchos líderes a fracasar. Lo que ha estado haciendo que líderes fracasen emocionalmente es que son incapaces de construir una red de relaciones de colaboración, mutuamente beneficiosas. Esta clase de personas invierte su tiempo en erradicar la diversidad, buscando homogeneizar al grupo.

¿Todos se visten como tú? ¿Predican como tú? ¿Hablan como tú? ¿Tienen sus talentos y dones guardados, y hacen todo de la manera que tú lo haces? ¿Es ese el modo que eligieron para poder permanecer en la organización? ¿Solo hay una forma de hacer las cosas y es aquella que lleva el sello de tu liderazgo y de tu forma de pensar? ¡Estás en peligro! Puedes entrar rápidamente en la estadística que dice que uno de los síntomas del fracaso emocional de un líder es la falta de respeto por los dones y talentos del otro, y no generar espacios de cooperación.

El modelo de liderazgo que se mantiene en el tiempo es aquel que crea liderazgo buscando comprender y desarrollar las diferentes habilidades que tiene cada uno de los que Dios puso a tu cargo; no hacerlos igual a ti, sino sacar lo mejor de ellos mismos. El modelo de liderazgo que crece es el que permite la colaboración, donde los "colaboradores" tienen espacios construidos para ser y crecer; donde en el respeto por ti como líder, tus colaboradores viven en su diversidad y en la misma se alimentan unos a otros para crecer. Es un modelo que saca lo mejor de cada uno y así se sostiene. Cuando hay diferentes situaciones, aparecen los líderes situacionales que dan lo mejor de sí, confiados de que llegó su tiempo de demostrar y agradecer la oportunidad dada. Esos son líderes que crecen y crecen, y viven agradecidos por la oportunidad que les diste.

> **EL MODELO DE LIDERAZGO QUE CRECE ES EL QUE PERMITE LA COLABORACIÓN.**

El fracaso está en que todos estén no solo bajo tu liderazgo, sino bajo tu molde. Muchos se sentirán que no encajan, se sentirán asfixiados y sentirán que no dan la talla. Y pasarás un tiempo precioso dedicado a recortar, agrandar o estirar y a veces rompiendo, para que lleguen a encajar en el molde. Mientras tanto, las organizaciones paradas en la diversidad y en el respeto crecen con múltiples moldes y forman estructuras alineadas por la visión, por los acuerdos, por el compromiso relacional y el corazón de ir juntos hacia donde elegimos ir.

CONSTRUYAMOS LÍDERES QUE NO FRACASEN EMOCIONALMENTE

Muchos de nuestros proyectos caen. Muchas de nuestras iglesias cierran. Muchos de nuestros cristianos no influyen. Muchos de nuestros empresarios no son testimonio. Es porque tomamos sus fracasos emocionales como la realidad; como lo que es, como si solo pudiéramos describirlos y no fuera posible realizar nada más.

Hoy es tiempo de tomar conciencia de que nuestras organizaciones mueren porque no le hemos puesto mano seria a ayudar y a preparar a nuestros líderes para trabajar sus emociones; a ser una opción diferente para el sistema, para la gente, para la comunidad. Si conociendo los fracasos emocionales seguimos sin hacer nada, no podemos quejarnos de que la gente elija otros modelos de vida y no podamos ser instrumentos para que Cristo sea glorificado. Ahora... si nos comprometemos a trabajar en ellos de manera pujante y nos involucramos con cada factor que nos tira para abajo y damos lo mejor de nosotros, ayudaremos a los que están envueltos en estas redes emocionales y no pueden salir. Es lo que han hecho toda su vida, o tal vez nadie les mostró nada mejor.

Si este es el corazón con el que caminamos hacia el futuro, ayudaremos a construir un nuevo liderazgo que haga a los cristianos personas influyentes, con emociones sanas, con modelos de organización de bendición y con espacios de crecimiento para todos los que vienen: espacios de entrega y responsabilidad, empatía, colaboración y retroalimentación.

De seguro, nadie podrá parar a organizaciones de este nivel porque mientras el mundo debate sus valores, nosotros los alzamos y nos preparamos para ser excelentes, exitosos y emocionalmente estables con ellos y por medio de ellos, para la construcción de un mundo mejor.

CAPÍTULO 6

RESILIENCIA EMOCIONAL

Necesitamos líderes que puedan adaptar su estilo a los cambios en la cultura organizacional y ser capaces de cambiar en respuesta al *feedback*.

En nuestro libro *Logra lo Extraordinario*[1], hablamos que una de las distinciones que nos ayudan a llegar a la cima es la resiliencia. En sus orígenes, el mundo de la ingeniería identificaba la resiliencia con la capacidad de un material para adquirir su forma inicial después de someterse a una presión deformante. En psicología, resiliencia es la capacidad humana de asumir con flexibilidad situaciones límite y sobreponerse a ellas[2].

Es de vital importancia la resiliencia en la vida de aquel que desea ir hacia las alturas espirituales o elevarse en su manera de ser. La falta de flexibilidad, de generación o de ausencia de renovación de puntos de asimilación hace que los hombres y las mujeres que eligen elevarse se conviertan en personas rígidas y estresadas por completo. A menudo sucede que cuando se lleva a un nivel superior de responsabilidad o comunicación a personas que funcionaban muy bien en cierto nivel, se vuelven rígidas.

Todos sabemos que la rigidez con determinado grado de presión hace que haya rupturas. Nos sorprendemos al ver hombres y mujeres perder la frescura y ceder

> NO LOGRAREMOS SUBIR HACIA EL RESULTADO EXTRAORDINARIO SI NO INCORPORAMOS LA RESILIENCIA.

ante situaciones de presión. No lograremos subir hacia el resultado extraordinario si no incorporamos la resiliencia.

Por lo tanto, necesitamos construir un modelo de cristiano que pueda ser flexible, pero no permisivo. Es alguien capaz de relacionarse con todos, pero que no por eso ponga en juego la integridad de la Palabra; que sus dichos concuerden con sus hechos y que pueda caminar hacia el futuro con un lenguaje generativo. Para eso se necesita, de manera imperiosa, ser resiliente.

El término resiliencia es casi nuevo para nuestros oídos, y en este terreno los seres humanos también tenemos mucho que aprender. Es interesante ver cómo respondemos o reaccionamos ante las diversas experiencias que enfrentamos en la vida. Algunas pueden ser a una corta edad y otras en cualquier momento. Más aún, me atrevería a decir que estarán presentes en mayor o menor grado o con diferentes nombres a lo largo de nuestra existencia sobre la faz de la tierra. La Biblia no dice que cuando queramos buscar de Dios o cumplir con sus preceptos, nos exoneraría de situaciones difíciles en la vida tales como traumas (físicos o emocionales), pérdidas, enfermedades, desilusiones, frustraciones o presiones.

La forma en que respondemos a las situaciones difíciles no solo varía entre los individuos, sino también en un mismo individuo al exponerse a la misma situación o a diferentes situaciones. El proceso es dinámico y varía a lo largo del tiempo de acuerdo con las circunstancias y el grado de crecimiento o madurez que tengamos. Esto es así debido a que la vida también es activa y cambiante. Aunque no podemos controlar la aparición de situaciones adversas, sí podemos elegir la manera en que vamos a responder ante ellas.

DEFINICIÓN DE RESILIENCIA

La palabra resiliencia proviene del latín resilio que significa "volver atrás, recuperar la forma original, rebotar o resaltar". Como vimos, este término se utilizó en la ingeniería mecánica y evolucionó para su aplicación en otros campos diferentes. En la ingeniería, la resiliencia es una magnitud que cuantifica la cantidad de energía que absorbe un material al romperse bajo la acción de un impacto, por unidad de superficie de rotura. Designa la capacidad de los metales de resistir a los golpes y recuperar su estructura interna.

Por ejemplo, la resiliencia que tiene un trozo de goma no es la misma que contiene el plástico. Ante idéntica presión ejercida en un trozo de goma y un trozo de plástico de igual grosor, el plástico se rompe y la goma puede volver a su estado original sin mantener consecuencias de la presión recibida.

En el Metodocc definimos el término como "la capacidad del hombre de pasar por momentos difíciles sin mostrar comportamientos disfuncionales". Es la habilidad a la hora de asumir responsabilidades o de responder al conflicto. Cuando tenemos resiliencia, podemos levantarnos aunque las circunstancias nos hayan derribado. No solo nos levantamos, sino también mantenemos nuestra forma o diseño original. Por eso, recuperamos lo que éramos antes de estar sometidos a la presión. La restauración de Dios no solo hace posible que recuperemos nuestro estado original, sino que también nos lleva a una posición mejor de la que estábamos antes de la presión.

Para poder resistir mayor presión, es necesario que aumentemos nuestra superficie. Con esto queremos decir que es posible y necesario crecer en nuestra capacidad resiliente. Esta capacidad se va desarrollando, y eso es lo que hace crecer la superficie para soportar la presión. Cuando tenemos situaciones adversas en la vida, buscamos la manera de ver cómo disminuimos la presión para no colapsar. Sin embargo, esa no es la respuesta. Lo que necesitamos es crecer o aumentar la superficie, que es lo mismo que decir que debemos crecer en nuestra capacidad resiliente.

Ante los problemas y las presiones de la vida, podemos verlos como algo injusto que no merecemos o transformar nuestra mirada y verlos como una oportunidad no solo de sobrevivir, sino también de crecer en resiliencia. Eso nos hará estar más fuertes y flexibles ante eventualidades posteriores. El ser humano tiene la capacidad para hacer frente a las adversidades de la vida, superarlas, e incluso permitir que

DEBEMOS CRECER EN NUESTRA CAPACIDAD RESILIENTE.

nos transformen. Por lo tanto, nosotros podemos decidir si ese efecto o cambio es para bien o no.

¿CÓMO CRECEMOS EN RESILIENCIA?

Veamos algunas cosas a tener en cuenta si deseamos que aumente nuestra resiliencia:

1. Ten en claro tu identidad en Cristo Jesús. El concepto que tengamos de nosotros determinará lo que pensamos, decimos y hacemos. Es decir, crecemos o nos quebrantamos en el proceso. Cuando sabemos quiénes somos en Cristo, eso amplía nuestra superficie interna. La falta de resiliencia y flexibilidad de muchos cristianos radica en que viven en un terreno estrecho. La angustia tiene su raíz en todas las cuestiones del presente que te oprimen en una pequeña superficie sin futuro. Si yo empiezo a reconocer el plan de Dios sobre mi vida, su maravilloso dominio de todo lo que pasó y pasará, y su completo amor sobre mi futuro, posiblemente miraría los problemas no desde la mirada del minuto, sino desde la mirada de la eternidad.

> CUANDO SABEMOS QUIÉNES SOMOS EN CRISTO, ESO AMPLÍA NUESTRA SUPERFICIE INTERNA.

La Palabra nos invita a ensanchar nuestra superficie confiando en Él. Si logramos cada día observar el mundo de las posibilidades con la mirada en lo eterno, nuestra superficie interna se ampliará y la resiliencia será una constante en nuestra vida más allá de las circunstancias.

2. Aprende a ser flexible y no rígido. La rigidez nos puede quebrantar; la flexibilidad mantiene el equilibrio. En el mundo de las relaciones, se necesita estar pendiente del otro. Si eliges estar comprometido con la relación y menos con la razón, podrás observar la cantidad de personas con las que te llevarás bien. Al ser rígido ante los otros o las circunstancias, eso te quiebra y te anula emocionalmente. Si eliges ser flexible, podrás crecer en sabiduría mientras fluyes en tu relación con el mundo exterior.

3. Decide crecer. Cuando se decide crecer, uno no ve el problema, la presión, ni la situación, sino la oportunidad de vencer, crecer y aprender. Crecer es un compromiso. Uno no crece porque el exterior lo determina, sino porque el interior lo elige. El crecer te hace mirar las circunstancias desde el aprendizaje. Caro es aquel momento del que no elijo crecer. Si mi mirada del mundo es desde la oportunidad, cada situación, buena o mala, me dará herramientas para un futuro promisorio.

4. Aprende de experiencias previas e incorpora recursos utilizados. Más adelante, esto nos dará la capacidad para resolver problemas. El pasado es muy útil cuando le doy el espacio para fortalecerme y ayudarme a ir por más.

5. Persevera. La perseverancia nos ayuda a mantenernos firmes en el momento difícil y a no desenfocarnos. Perseverar tiene una brillante definición, y es "estar siempre listo". No es solo aguantar lo malo, sino también estar enfocado en lo bueno cada instante y desde allí, camino constante, alineado, siempre listo.

6. Ten gozo. En medio de las pruebas, sentimos gozo y no por las pruebas en sí. Una de las palabras que las Escrituras usan cuando hablan de "gozo" es "largura de ánimo". El gozo viene del futuro, mientras la felicidad es una emoción placentera que ocurre por algo que está sucediendo ahora. El gozo es un sentir basado en lo que me estará pasando, en mi gran ánimo producto de hacia dónde voy y no solo desde dónde vengo. El Señor Jesús mismo es mencionado: *"puestos los ojos en Jesús, el autor y consumador de la fe, el cual por el gozo puesto delante de él sufrió la cruz, menospreciando el oprobio, y se sentó a la diestra del trono de Dios"* (Hebreos 12:2, RVR 1960). Siempre el gozo está delante.

7. No seas independiente ni te aísles. En otras palabras, trabaja en equipo. Utiliza recursos que necesites en un momento determinado. El factor de mayor

EL GOZO VIENE DEL FUTURO.

importancia en la resiliencia es tener el cuidado y el respaldo dentro y fuera de la familia. Sin embargo, ¿qué vamos a hacer si no tenemos ese respaldo en un momento determinado? Podemos tenerlo en otras personas. Saberme miembro, pertenecer, estar dentro de, te lleva a crecer junto con otros. La resiliencia emocional crece con respaldo. El apóstol Pablo se gozaba en que los de Filipos habían participado con él. En medio de una presión que intenta quebrarte, elegir la buena compañía es clave.

8. Ten dominio propio. Esto nos da la capacidad para controlar los impulsos y los sentimientos fuertes. Con dominio propio nos referimos a una mente sana. La resiliencia emocional necesita que te ocupes de mantenerte tres pasos detrás de la línea de pensamientos y contextos que tú sabes que te hacen daño. Uno debe nutrir su mente con aquello que la fortificará, no con emociones que la conviertan en débil e inestable. La mente sana es una mente con salud que nutre su alrededor de poder y bendición, y que no necesita de agentes externos para producir pensamientos que tornen en amplia y profunda la mirada. Fuimos llamados a ser luz en medio de una generación maligna. El modo es con dominio propio, con templanza, con una mente sana que nutre y que no es llevada por los vaivenes de su alrededor.

9. Apóyate en La Biblia. Debes conocer, meditar y confesar la Palabra de Dios. De la abundancia del corazón habla la boca. Llena tu boca de Palabra porque la misma habita en tu corazón. Cuando las Escrituras son tu alimento cotidiano, esto ampliará tu resiliencia emocional. Te verás con el corazón del Padre y eso te ayudará a ver a los otros como Él los ve. Podrás caminar confiado sabiendo y teniendo conciencia de que sus ángeles te cuidarán y tu diestra te alzará, llevándote de triunfo en triunfo.

> LLENA TU BOCA DE PALABRA PORQUE LA MISMA HABITA EN TU CORAZÓN.

CUALIDADES DE UNA PERSONA RESILIENTE

Las personas resilientes poseen una serie de cualidades que las distinguen. Veamos las más importantes:

1. Seguridad y confianza en sí mismos.
2. Tienen una clara visión de lo que quieren.

3. Flexibilidad ante lo que ocurre.
4. Compromiso con la acción.

Con todo esto en mente, tenemos la posibilidad de llegar a ser personas resilientes.

TRABAJAR LA RESILIENCIA EMOCIONAL

Después de conocer la definición de resiliencia y profundizar en sus características, introduzcamos la resiliencia emocional en nuestra vida cotidiana. ¡Cuántos pueden llegar a alturas en sus organizaciones, pero por no tener un andar resiliente, sus emociones son tocadas y sus vidas caen!

Cuando escuchas a esas personas arrojadas sobre el pecado, sobre una situación de adulterio o sobre un vaso de vino en un rincón de un *bar* de hotel, de noche, con su corbata desarreglada, buscando esparcir su mente y corazón de las presiones del diario vivir, es porque no han trabajado con suficiente antelación la resiliencia para ese nivel de vida al que han llegado.

Sin darnos cuenta, hemos caído en un mundo que todo lo saca hacia fuera. El vivir una vida de pecado se debe a las circunstancias, a las adicciones o a la gente, pero nunca a uno mismo. Así es como la mayoría ve en el siglo XXI, lamentablemente. Siglos atrás, la persona que caía en pecado sabía que era la primera responsable, y desde ese lugar se relacionaba con ella misma.

Hoy día solo tenemos "víctimas" que al no hacerse cargo de sus acciones y de su lugar y compromiso, no amplían la superficie y se dejan llevar por sus sentimientos. Elegir ampliar nuestro modelo interno y prepararnos nos permite comenzar a mirar la vida y nuestra relación con Dios desde otro lugar. Podemos y debemos, como cristianos comprometidos y con deseo de ser influyentes en un mundo cambiante, lograr una actitud resiliente; una manera de ser que ante la presión ejercida no queden rastros de la misma al volver a su estado original.

¡Cuántas veces como líderes nos quedamos sin dormir por las preocupaciones del diario vivir! Para eso es menester trabajar la flexibilidad con la vida, con las circunstancias que van sucediendo. Y el modo de lograr una resiliencia mayor para el nivel al que quiero ir, para ser emocionalmente equilibrado, es ampliar la superficie.

Jesús iba a orar cada noche posible. Si leemos en las Escrituras, encontramos que después de un día de mucho movimiento, de mucha presión, Él tomaba su tiempo. Antes de cada decisión importante iba al monte a orar, para generar una manera de ser resiliente. Las veces que los fariseos buscaron tocar sus emociones y Él mantenía un equilibrio poderoso nos muestra la actitud resiliente que Él tenía.

Cuando se fue al desierto durante 40 días y 40 noches antes de empezar su ministerio, el adversario mismo se presentó y lo tentó. Él pudo, ante la presión, volver al mismo estado anterior de la presión por su preparación resiliente.

> LAS MARCAS EN LA VIDA NO SON SOLO DE LAS CIRCUNSTANCIAS DIFÍCILES, SINO DE LA MANERA EN QUE ME RELACIONO CON ELLAS.

Una profunda espiritualidad sin resiliencia emocional, sin flexibilidad, sin estar listo para la presión puede hacernos fracasar en nuestros mejores intentos. Debemos prepararnos. Las marcas en la vida no son solo de las circunstancias difíciles, sino de la manera en que me relaciono con ellas. Si ante diferentes momentos de presión yo me preparo en mis emociones, lograré que las mismas se mantengan sin dominar todo mi cuerpo, mi ser, mi historia y mi futuro.

LOS MALOS RECUERDOS PUEDEN BORRARSE

Se ha descubierto que cuando uno trabaja las emociones en las primeras seis horas de producidas, puede cambiar lo que ellas producen.

El procedimiento elaborado por un grupo de científicos de la Universidad de Nueva York no prevé el uso de fármacos[3]. El recuerdo aterrador no es reemplazado por otro, sino cuando el cerebro lo reconstruye, es manipulado de tal manera que se borra el sentimiento de miedo que lo acompaña. ¡Ver para creer!

Reescribir los malos recuerdos sin la ayuda de fármacos es posible, siempre que se logre intervenir sobre los traumas cuando todavía se encuentran en "la infancia". Según un estudio estadounidense publicado en la revista *Nature*, lo importante es intervenir dentro de las seis horas de ocurrido el trauma, en el período de lo que se conoce como "re-consolidación". Las miles de personas en el mundo que sufren fobias podrían descubrir una nueva vida, gracias a esta terapia novedosa diseñada por la Universidad de Nueva York.

Los estudiosos que presentaron su trabajo a la comunidad científica internacional en ocasión de la conferencia anual de la *Society of Neuroscience* (Sociedad de Neurociencia) en San Diego, explican que lograron bloquear los miedos interviniendo sobre el modo en que el cerebro reconstruye los recuerdos.

Al analizar los mecanismos que "fijan" los miedos en el cerebro, los científicos estadounidenses descubrieron que después del hecho traumático, el recuerdo es elaborado por la mente durante un lapso de algunas horas, a través del fenómeno de "re-consolidación" mental. Comprendieron, por lo tanto, que es necesario intervenir en ese momento, es decir, en la fase en que el trauma es "neonato" y todavía susceptible de ser reescrito.

Ya ha habido otras investigaciones que permitieron bloquear los malos recuerdos antes de que estos se "incrustaran" en la memoria cerebral. Pero muchos de los sistemas experimentales, hasta ahora, resultaron perjudiciales para el hombre. En el procedimiento desarrollado ahora, en cambio, el recuerdo aterrador no es reemplazado por otro, sino cuando el cerebro lo reconstruye, es manipulado de tal manera que borra el sentimiento de miedo que lo acompaña.

Para que la terapia funcione, el sujeto debe someterse a ella dentro de las seis horas desde el momento en que el recuerdo vuelve a ser evocado. "Nuestro estudio muestra que durante la formación de un recuerdo existen algunos momentos en los que es posible cambiarlo de manera permanente. Al comprender dinámicas de la memoria, podremos, a largo plazo, abrir nuevos caminos en el tratamiento de los trastornos relacionados con los recuerdos de carácter excesivamente emotivo", explica la autora de la investigación, Daniela Schiller.

Podemos ir mucho más profundo cuando usamos el lenguaje para generar y no solo para describir; cuando le damos una interpretación poderosa a lo que nos pasó conforme al compromiso que tenemos con nuestro futuro y el de nuestro prójimo. Podemos atravesar el muro de las circunstancias y de sus fuertes emociones… si empezamos a comprender que es fabuloso tener emociones, pero que las emociones te tengan ya es algo que tú permites.

> ES FABULOSO TENER EMOCIONES, PERO QUE LAS EMOCIONES TE TENGAN YA ES ALGO QUE TÚ PERMITES.

EL FACTOR RESILIENTE

El factor resiliente en la manera de intervenir en las emociones nos ayudará a darle una interpretación diferente y poderosa que nos sirva con quien elegimos ser y no quien estamos siendo; con aquello que Dios tiene diseñado para nosotros más allá de lo que nos esté pasando.

Yo no sé a ti, pero a mí me cuesta leer el libro de Job. No es porque Job lo haya perdido todo, porque haya tenido una enfermedad casi incurable, ni porque sus relaciones hayan caído en un abismo, sino por la pérdida de su familia. Dicen las Escrituras que Dios le dio luego el doble de los hijos y familia que tenía. ¿Me quieres decir que los que perdí no son importantes y puedo cambiarlos? No creo que diga eso, sino que puedo recordar con gran dolor a los que he perdido y cuidar con gran amor a los que han llegado en una segunda oportunidad.

Durante un año tuve el gran gusto de *coachear* una organización de envergadura en un país de Latinoamérica. La misma se dedicaba a construir y administrar casas velatorios y cementerios privados en diferentes ciudades. Cuando uno elige ser una posibilidad para otros ayudando a las personas de diferentes formas, no elige la tanatología como un lugar hacia dónde ir. Sin embargo, más allá de lo que pude aportar a la organización desde los diferentes procesos de *coaching*, es mucho lo que aprendí de ella.

Una de las cosas que más aprendí ante emociones tan fuertes como la pérdida de un ser querido fue que no podemos evitar el dolor, pero podemos escoger no sufrir. En un momento donde la pena inunda el corazón y el cuerpo se siente golpeado como si un batallón hubiese pasado encima de ti, la clave es acompañar y asistir mientras el dolor sucede.

Una de las mejores y más simples definiciones de "duelo" es que duele.

> NO PODEMOS EVITAR EL DOLOR, PERO PODEMOS ESCOGER NO SUFRIR.

Alguien me preguntó si podía casarse, cuando hacía seis meses que su esposa había fallecido. Mi respuesta fue: "Mientras te duela en el cuerpo, el duelo sigue". Las emociones de dolor en estas circunstancias deben permitirse que sucedan. Lo que debemos hacer es ayudar a que no se conviertan en sufrimiento.

Mientras escribo este libro, tuve el gusto de volver a encontrar a este hombre. Había elegido llevar un duelo profundo y honrar la memoria de su esposa, pero también había elegido mirar hacia adelante, construir un futuro y darles a sus hijas mucho más que un pasado. Su frescura y alegría, su entrega por la comunidad y su compromiso a ir por más mostraban que no había permitido que el dolor se convirtiera en sufrimiento.

La resiliencia en el área de las emociones es poder prepararnos en ampliar la superficie de nuestro interior para que, ante la presión, podamos volver al mismo estado original anterior a la presión, sin sufrir consecuencias. Cuando hay dolor, no hay que resistirlo, sino honrarlo, y desde ese lugar, de a poco convertirse en alguien que puede ir más allá. Se puede tener buena memoria, pero mejor compromiso con el futuro.

Y desde ese lugar, que uno pueda convertir esos tiempos en momentos de aprendizaje hacia el crecimiento.

Hay resiliencia cuando me pasa algo y me doblo, pero no me quiebro. Si me quebré, es que no hubo resiliencia y necesito desarrollarla para que no vuelva a pasarme.

YO VOY HACIA ÉL Y NO VIENE ÉL HACIA MÍ

"He pecado contra El Señor - reconoció David ante Natán. - El Señor ya te ha perdonado, sin embargo, tu hijo si morirá, pues con tus acciones has ofendido al Señor. Dicho esto, Natán volvió a su casa" (2 Samuel 12:13-15, NVI).

El fruto del pecado entre David y Betsabé sufriría graves consecuencias: la misma muerte.

No creo que fuera fácil para David aceptar que un hijo suyo moriría por las acciones que él había producido. No creo que nadie pueda soportar la muerte de un hijo por lo que uno haya hecho. David tuvo que pasar por ese proceso. Las Escrituras cuentan que inmediatamente después de que Natán se fuera de la presencia de David, el niño cayó enfermo.

"David se puso a rogar a Dios por él. Ayunaba y pasaba las noches tirado en el suelo. Los ancianos de su corte iban a verlo y le rogaban que se levantara, pero él se resistía, y aún se negaba a comer con ellos. Siete días después, el niño murió. Los oficiales de David tenían miedo de darle la noticia, pues decían: «Si cuando el niño estaba vivo, le hablábamos al rey y no nos hacía caso, ¿qué locura no hará ahora si le decimos que el niño ha muerto?» Pero David, al ver que sus oficiales estaban cuchicheando, se dio cuenta de lo que había pasado y les preguntó: —¿Ha muerto el niño?

—Sí, ya ha muerto —le respondieron. Entonces David se levantó del suelo y en seguida se bañó y se perfumó; luego se vistió y fue a la casa del Señor para adorar. Después regresó al palacio, pidió que le sirvieran alimentos, y comió.—¿Qué forma de actuar es ésta? —le preguntaron sus oficiales—. Cuando el niño estaba vivo, usted ayunaba y lloraba; pero ahora que se ha muerto, ¡usted se levanta y se pone a comer! David respondió: —Es verdad que cuando el niño estaba vivo yo ayunaba y

lloraba, pues pensaba: "¿Quién sabe? Tal vez el Señor tenga compasión de mí y permita que el niño viva." Pero ahora que ha muerto, ¿qué razón tengo para ayunar? ¿Acaso puedo devolverle la vida? Yo iré adonde él está, aunque él ya no volverá a mí" (2 Samuel 12:16-23, NVI).

Ante el pecado, el dolor y las consecuencias, él pudo avanzar. No se dejó llevar por todo lo que había sucedido que no podía cambiar, sino por lo que sucedería que sí podía cambiar. *"Yo iré adonde él está"* significa que sigo hacia adelante y nos encontraremos en el futuro. Es como si David hubiera dicho: "No me quedaré en el pasado llorando por lo que tanto llanto trajo, sino me vestiré, comeré y seré mejor que lo que fui, en su nombre, por el aprendizaje que recibí".

Cuentan los manuscritos que tiempo después, David tuvo otro hijo con Betsabé. Ese fue Salomón, el rey que marcó una diferencia en el pueblo de Israel, por los siglos.

En el mismo momento que David eligió declarar "Yo voy hacia él", pudo vivir su tiempo de dolor sin que eso se convirtiera en el sufrimiento que destrozara su vida. Pudo seguir liderando y yendo hacia su futuro por su compromiso con él.

David pecó. Su pecado no duró un día, sino trajo graves consecuencias para su nación, para su vida personal y para los que lo rodearon. La muerte de su hijo fue un tiempo trágico y de gran responsabilidad. Hizo su duelo y avanzó. Salió de la situación. La pérdida era imposible de recuperar, pero sí se podía recuperar él y aprender de la situación, para ser más grande que esos hechos y elevar su vida a su propio llamamiento. Él podía haberse quedado tirado llorando.

OPORTUNIDAD MÁS ALLÁ DE LAS EMOCIONES

Puedes contarme que las emociones que has tenido desde tu niñez te han hecho lo que eres; que no quieres acercarte a nadie; que no deseas que la gente venga a ti y no confías en nadie; y que no puedes caminar producto de lo que tus padres hicieron o de lo que otros les hicieron a tus padres. Es una buena opción para que el sufrimiento te tenga y vivas la vida diciéndole a la gente que no vale la pena ni vivir, ni confiar, ni amar.

Este es el caso de Mefiboset. De pequeño, fue criado en el palacio del rey. Caminaba en medio del oro y de la abundancia que significaba ser el nieto del rey. En medio de juegos y atenciones, un día escuchó gritos. Desde un rincón de un cuarto, de repente vio a varios morir a espada. Una de las personas que siempre se ocuparon de él lo tomó a prisa, lo alzó y lo llevó corriendo en busca de un lugar seguro. Escuchaba, siendo muy pequeño, que los mismos que habían matado a su abuelo y a su padre, vendrían a matarlo a él. La criada corría desesperada por los pasillos del palacio, subía y bajaba escaleras con un ritmo acuciante y el niño en sus brazos saltaba a cada instante, como un símbolo de todo lo que estaba sucediendo.

En medio de eso... ella miró hacia atrás para ver si alguien la seguía y no se percató del escalón que estaba delante. Al cruzarlo, cayó desplomada y el niño salió volando lejos de su cuidado. Cayó sobre un costado de manera pesada, y sus gritos le hicieron ver a la criada lo peor. Las piernas del niño quedaron mirando hacia otra dirección, como que ya no formaban parte de su cuerpo, como queriendo regresar. El niño lloraba, pero ella decidió alzarlo y llevarlo así.

Después de recorrer un gran trecho, sintiéndose segura, volvió a mirar al niño con sus piernas rotas que no dejaba de llorar. En ese momento pidió ayuda. Alguien se acercó y juntos llevaron al niño a quien podía curarlo. Le acomodaron los huesos casi como originalmente estaban, lo pusieron en una camilla y lo vendaron hasta la cintura. Así comenzó su nueva vida.

Al siguiente día fue llevado lejos a un sitio denominado Lodebar, nombre que significaba "la ciudad sin pan" o "la ciudad de la miseria". ¡Qué situación indescriptible, de pasar de ser el nieto del rey a convertirse en un lisiado tirado en la ciudad de la miseria! Imagino que las emociones estaban a flor de piel. Entre el dolor de sus piernas, que ya no se movían, y el dolor de su corazón al verse postrado sin familia, sin movilidad y sin futuro, sus días pasaban.

Pasaron 15 años... Las sensaciones o situaciones de un día, de un mes o de un año a veces parecen una eternidad. ¡Qué entonces de 15 años postrado en la miseria! ¡Cuántas conversaciones, pensamientos y angustias que cada minuto le venían a la mente, estimulado por su situación, por sus recuerdos, por el lugar, por la falta de amor, por la necesidad! Todas y cada una de las opciones que podemos tener para que el dolor habite en nuestro interior estaban en el caso de Mefiboset.

La puerta sonó una mañana. Era un enviado del rey. No solo estaba mal la situación, sino que se ponía peor. Quien había matado a su abuelo y a su padre venía por él, se dijo mientras escuchaba el ruido de caballos. Pensaba que sus días terminarían como habían terminado los de su abuelo y de su padre. Y encima, estaba en medio de la miseria.

Pero no era así. Los enviados del rey lo tomaron, lo subieron a un carro y lo llevaron nuevamente al palacio delante de David. Al llegar, solo atinó a arrodillarse y esperar. Algo había sucedido. Una mañana se levantó David y recordó la promesa que le había hecho a su amigo Jonatán. Preguntó: *"¿Ha quedado alguno de la casa de Saúl, a quien haga yo misericordia por amor de Jonatán?"* (1 Samuel 9:1) David había elegido hacer misericordia con Mefiboset.

"No temas" - escuchó decir al Rey. "Todo lo que era de tu padre te lo devolveré. Y más aún. Desde hoy en adelante comerás en mi mesa" (2 Samuel 9: 2-11, NVI parafraseado).

Ese era un momento especial. Mefiboset pudo haber hablado desde todo lo que su pasado le decía. Miles de emociones se juntaban dándole indicaciones de lo que debía quejarse, de lo que debía reclamar. Estaba delante de quien había sido la razón de la muerte de su abuelo y de su padre. ¡Pudo haber exigido justicia!

Si la ira se hubiera apoderado de él, podría haber elegido hacer justicia por mano propia.

Si el miedo se hubiera convertido en su jefe, estaría tembloroso esperando ser matado por los errores pasados de su familia.

Si la impotencia se hubiera encolumnado en el liderazgo de la situación, él habría hablado de que no merecía ser sacado del palacio como un perro, ni vivir durante 15 años como un miserable.

Si los estímulos producto de su dañada salud hubieran hablado, él habría sido un desagradecido, habría mirado con odio a David, que todo le había quitado, hasta sus opciones de caminar.

Si el aislamiento y su herencia emocional hubieran aparecido, la queja no le habría permitido ni siquiera escuchar a David porque era más fuerte la emoción que la relación.

Pudo haber sido un momento cargado de emociones. Mucho y muchas tenían lugar en ese momento, y todas hubieran tenido una justificación.

En su bienestar, en la salud, en la muerte de sus seres queridos, en lo relacional, en el desamparo, y en otras áreas más, él tenía la opción de que el sufrimiento hablara; que fuera más fuerte ese sufrimiento que el dolor vivido, y que ese sufrimiento se convirtiera en el dueño de las palabras, de las acciones, de las miradas.

VIVE COMO UN REY

Tras escuchar a David, Mefiboset no permitió que nada se interpusiera entre él y su futuro. Entendió que David era el símbolo de las posibilidades que Dios ponía delante de él y que desde ese lugar, él podía salir de la miseria y volver a comer en la casa del rey.

Este es un maravilloso ejemplo del deseo de Dios para la vida de todos aquellos que han pasado situaciones dolorosas. Es clave comprender que el dolor es inevitable, pero podemos decidir no sufrir. Si mi pasado habla a través de estímulos automáticos producidos por diferentes emociones, probablemente nunca pueda nuevamente sentarme a la mesa del Rey en esa situación. Y Dios te quiere ver sentado en la mesa del Rey cada día de tu vida. No importa lo que haya pasado o desde dónde vienes, Él desea que te sientes a su mesa, que lo puedas mirar a los ojos y que Él te tenga entre sus seres más íntimos.

NO PODEMOS PERMITIR QUE EL DOLOR DEL AYER SE PERPETÚE.

No podemos permitir que el dolor del ayer se perpetúe, convirtiéndose en el dolor del mañana. Hoy es el primer día del resto de mi vida. Puedo elegir sentarme a la mesa del Rey, salir de la ciudad sin pan e ir a vivir con el Rey, y saber que todo lo que haya sucedido ayer por más doloroso que haya sido, me servirá para aprender mañana. Vayamos hacia allá...

¿Y qué sucede cuando vivimos momentos de angustia como la pérdida de seres queridos? Job perdió a sus hijos y ellos nunca más serán recuperados. Tuvo otros en el nuevo tiempo, pero los anteriores no volverán. Él pudo lograr que ese dolor no se convirtiera en sufrimiento, siendo una nueva opción para todo lo que estaba delante de él. Miró los ojos del futuro y le sonrió. No le dijo que solo tenía pasado, sino que estaba dispuesto a construir y a aprender de lo sucedido. El ejemplo de Job también nos ayuda a saber que muchas veces el dolor es inevitable, pero el sufrimiento es una decisión.

David se arrepintió de su pecado y luchó por su hijo todo lo que pudo. Pero al morir su hijo, decidió mirar hacia adelante y pensar en su hijo hacia el futuro. No permitió que sus errores del pasado y el dolor producido le causaran un sufrimiento del cual no pudiera reponerse.

Mefiboset no se quedó en la ciudad de la miseria emocional quejándose y tirado en un rincón, poniéndole nombre a todos sus sinsabores y echando la culpa de todo lo que le había pasado a quienes habían sido protagonistas. No hizo eso. Él salió de allí y fue a sentarse a la mesa del rey.

El dolor ante la calamidad, el dolor ante el pecado, el dolor que producen ciertas circunstancias y cómo relacionarse con eso y ser poderoso son tres casos que nos invitan a elegir.

Mirar hacia adelante y todo lo que puedes hacer de aquí en más es lo que te permitirá que Dios te lleve a nuevos lugares, a comer en su mesa, a diseñar el futuro. Si las emociones producidas por el dolor se adueñan de mi vida, se convierten en sufrimiento. Si dejo ser mis emociones en su momento, pero elijo ir hacia adelante, puedo elevarme y construir nuevas oportunidades para volver a mirar al Rey a los ojos y sentarme a su mesa.

CAPÍTULO 7

REINTERPRETA EL PASADO

Todavía recuerdo ese día que llegué a mi casa. Era adolescente, y con mucha energía para hacerlo todo. Al entrar, vi a la hermana de mi madre apesadumbrada recibiéndome.

No sabía bien qué hacían allí ella y su esposo, pero venida de tan lejos, nunca era por buenos motivos. Corrí hacia el cuarto de mis padres y encontré a mi madre tirada en la cama, llorando y gritando desconsolada: "Se fue, se fue, nos dejó", decía. Exclamaba en medio de gritos. Yo no entendía muy bien a qué se refería, pero rápidamente me percaté de que mi padre había decidido irse. No solo eso, sino además lo había hecho al final de una carrera comercial en descenso; y cuando nada tuvo y nada le quedó, eligió partir y dejarnos solos.

A los 13 años me encontré con una nueva vida. Tanto mi madre como yo salimos a trabajar esa misma semana. La opción que había para mí era trabajar en una pequeña bodega de una vinería, en un sótano. Mi función era acomodar las cajas y llevar los pedidos. Pasaba horas y horas encerrado en ese sótano, y el alcohol que emanaba de las botellas me descomponía. Por la noche llegaba a mi hogar mareado y con náuseas por todo ese aroma.

También cambié de colegio. Comencé a ir a un colegio de noche, con personas que nunca en mi vida había conocido y que tenían modos y costumbres que me impresionaban. No sé qué hacía allí, pero el dolor que vivía en mi corazón constantemente era grande. No lloraba, pero sí podía sentir la presión profunda sobre mi pecho en todo momento.

Llegar a las doce de la noche en un tren sombrío y prepararme para levantarme al otro día para trabajar temprano en una vinería con contacto solo con botellas y cajas, estaban haciendo de mi existencia una con un presente tan demoledor, que no me daba el cuerpo para pensar en el futuro.

Yo había nacido en un hogar donde de pequeño la Palabra de Dios y el amor por el Altísimo eran un deseo cotidiano liderado por mi madre. En esos días no podía ver más allá de mis dolores, de mi angustia, de tener el corazón estrecho y no sentir que algo pudiera cambiar. Mis amigos de colegio ya no me recibían. Era "aquello" cuyos padres se habían separado y que no tenían ni para comer. En los fines de semana salía a bailar con un grupo de personas que solo les importaba pasarla bien, costara lo que costara.

El polvo sobre mi Biblia hablaba del tiempo que hacía que no la abría, pero cada momento que estaba en dificultades recordaba esos versículos, esos principios en boca de Jesús o de santos hombres inspirados por Dios. Un día decidí no seguir. Creía que bajar los brazos y dejarme llevar era lo mejor. Si eso tenía que vivir, así debía de ser. Miseria, pobreza, trabajo forzado, malas compañías y sin futuro… Parecía que las cosas iban a pasar de allí en más, para siempre.

Elevé a Dios mi corazón y mi decisión de ir por más en esos tiempos, y escribí la vida ideal que parecía imposible tener: una relación vital y profunda con el Padre celestial que pueda usarme para tocar multitudes; una hermosa y sabia mujer que me ayude cada día a ser mejor y con la cual comprometerme a amar cada día más; una hermosa familia con hijos que amarán a Dios como yo lo amo y que sean ejemplos para otros; una hermosa casa donde vivir y poder recibir a mis amigos.

ESCRIBÍ LA VIDA IDEAL QUE PARECÍA IMPOSIBLE TENER.

Mientras escribo estas líneas, ha sucedido todo eso y mucho más. Las décadas que pasaron desde ese momento hasta ahora también nos han alejado de recordar lo triste de aquella situación. La felicidad y la alegría que es vivir en un hogar con personas entregadas al Señor y con el deseo de manifestarlo a través de otros no tiene explicación. Es increíble. Le agradezco a Dios por todo lo que ha hecho en mí de manera especial.

A los dos años de sucedido eso que les comenté, un día cualquiera, estando yo en el colegio, apareció nuevamente mi padre. Sonreía en la puerta del aula como si hubiera pasado un día. Lo miré. Al principio, el corazón me palpitó de alegría, pero el sufrimiento por el que había pasado cayó rápidamente en el frente activo de mi memoria.

Lo volví a mirar serio. Tenía 15 años, pero parecía de 20. Esos dos años habían marcado mi vida de una manera especial. Si bien esa increíble mujer que era mi madre me ayudó a seguir amando a Dios y a salir juntos de esa situación, verlo allí me traía rápidamente todos los recuerdos.

Tomamos un café y me contó lo que había pasado. Me pidió perdón y lo perdoné, pero no sabía qué sucedería de allí en adelante. Lo llevé a la casa y le pedí que se quedara fuera. Entré y le conté a mi madre todo lo que había pasado en ese día y que mi padre estaba fuera. Me miró, y mientras seguía trabajando, me dijo: "Dile que entre, esta es su casa".

Esa increíble manera de ser que la caracterizaba volvió a sorprenderme. *¿No le vas a gritar, pelear, insultar?*, pensé. Mientras salía a contarle lo que ella me había dicho, esas palabras me hacían ruido en la cabeza. Al entrar, mi madre lo miró, lo abrazó y le preguntó dónde había estado. Le dijo que después conversarían, pero que estaba feliz de que el padre de su hijo estuviera nuevamente con ellos; que pasara y se quedara.

Mi madre perdonó a mi padre de una manera especial. Yo también. Pero me preguntaba seguido: "Dios, ¿por qué tuve que pasar esto? ¿Por qué si yo te amo con todo mi corazón, pasé por situaciones tan difíciles? ¿Por qué, si tú me amas, dejaste que todo eso aconteciera, que no tuviera qué comer, qué vestir, con quién relacionarme, cómo ser feliz? No entiendo, Dios".

Muchos años pasé pensando que los hechos y mi interpretación de los hechos eran lo mismo. Hasta que pude encontrarme con esta maravilla que hoy te traigo.

TODAVÍA ESTÁS A TIEMPO DE TENER UNA INFANCIA FELIZ.

Todavía estás a tiempo de tener una infancia feliz.

¿Qué significa?

En los últimos años he tenido que ministrar en muchas naciones. He dado conferencias y me he juntado con miles de personas de todas las edades. Muchas veces veo en el rostro de algunos la misma mirada perdida que yo tenía en esos años. Me dicen: "¡Qué bueno lo que escucho, pero no es para mí. Yo solo soy un pobre tocado por el destino para sufrir!".

Puedo mirarles y decirles: "¡Yo pasé por eso y hoy vivo otra vida que en esos años jamás pensé que viviría, más que en sueños! Yo pude, dada mi confianza en Dios más allá de cualquier circunstancia. ¡Tú también puedes! No te dejes estar por peor que te vaya".

Algo mejor... cuando recuerdo esos años, ya no lo hago pensando en todo lo que sufrí. He podido reinterpretar esos tiempos. Los hechos no han cambiado, pero sí mi interpretación de los mismos. Yo sé que puedo entender la miseria y las limitaciones en la vida de quien Dios pone delante de mí para ayudar, porque una vez estuve allí. Hoy eso me permite, ante cualquier emoción de cautividad o de limitación, decirle: "No temas, esfuérzate, crucemos juntos hacia el milagro de ver el mar abierto y las puertas de la abundancia en tu vida".

> "NO TEMAS, ESFUÉRZATE, CRUCEMOS JUNTOS HACIA EL MILAGRO DE VER EL MAR ABIERTO Y LAS PUERTAS DE LA ABUNDANCIA EN TU VIDA".

Reinterpretemos el pasado para poder caminar hacia el futuro, siendo quien Dios nos llamó a ser y quienes elegimos; que el mismo pasado no nos detenga para servir, o para construir un mundo nuevo, o para caminar siendo una posibilidad.

Hoy es el primer día del resto de tu vida. Vívelo y verás la gloria de Dios en tu andar.

Cómo hacerlo

Una de las áreas donde más fracasamos es en mirar nuestro pasado. Creemos y confiamos en que los hechos que vivimos y nuestra opinión de los mismos es un todo integral y la realidad. A veces pasamos días enteros hablando de lo que pasó para aceptarlo e incluirlo, como si la mirada y los dichos fueran lo que son.

Muchos no pueden caminar en su presente porque cargan un pasado lleno de angustias y desazones, de malos momentos y fracasos. Cada vez que Dios los anima a mirar hacia delante, su pasado los condena. Pero déjame decirte hoy que todavía estás a tiempo de tener una infancia feliz. No porque la vayas a vivir de nuevo, sino porque puedes reinterpretar los hechos desde el aprendizaje, desde tu compromiso al futuro, desde el corazón de Dios.

Cuando elijas venir desde allí, haya pasado lo que sea, será una gran oportunidad para aprender, para crecer, para diseñar acciones que se alineen con quien elijo ser conforme a la voluntad de Dios para mi vida.

Debemos reinterpretar nuestro pasado, pero nunca podremos hacerlo desde el pasado o desde el presente. Solo podemos reinterpretar el hecho del pasado desde el futuro. Y al vivir en una sociedad donde no hacemos un ejercicio del futuro, sino simplemente un desarrollo reactivo del presente, es bien difícil para el ser humano poder reinterpretar sus emociones.

> SOLO PODEMOS REINTERPRETAR EL HECHO DEL PASADO DESDE EL FUTURO.

José y la reinterpretación de su pasado

Siendo todavía pequeño, de 17 años, José era a quien su padre más amaba. Ese amor había llegado a ser tan intenso que sus hermanos ni le saludaban, por lo que les producía la diferencia en el trato.

"Jacob se estableció en la tierra de Canaán, donde su padre había residido como extranjero.

Ésta es la historia de Jacob y su familia.

Cuando José tenía diecisiete años, apacentaba el rebaño junto a sus hermanos, los hijos de Bilhá y de Zilpá, que eran concubinas de su padre. El joven José solía informar a su padre de la mala fama que tenían estos hermanos suyos.

Israel amaba a José más que a sus otros hijos, porque lo había tenido en su vejez. Por eso mandó que le confeccionaran una túnica especial de mangas largas. Viendo sus hermanos que su padre amaba más a José que a ellos, comenzaron a odiarlo y ni siquiera lo saludaban.

Cierto día José tuvo un sueño y, cuando se lo contó a sus hermanos, éstos le tuvieron más odio todavía, pues les dijo:

—Préstenme atención, que les voy a contar lo que he soñado. Resulta que estábamos todos nosotros en el campo atando gavillas. De pronto, mi gavilla se levantó y quedó erguida, mientras que las de ustedes se juntaron alrededor de la mía y le hicieron reverencias.

Sus hermanos replicaron:

—¿De veras crees que vas a reinar sobre nosotros, y que nos vas a someter?

Y lo odiaron aún más por los sueños que él les contaba.

Después José tuvo otro sueño, y se lo contó a sus hermanos. Les dijo:

—Tuve otro sueño, en el que veía que el sol, la luna y once estrellas me hacían reverencias.

Cuando se lo contó a su padre y a sus hermanos, su padre lo reprendió:

—¿Qué quieres decirnos con este sueño que has tenido? —le preguntó—. ¿Acaso tu madre, tus hermanos y yo vendremos a hacerte reverencias?

Sus hermanos le tenían envidia, pero su padre meditaba en todo esto.

En cierta ocasión, los hermanos de José se fueron a Siquén para apacentar las ovejas de su padre. Israel le dijo a José:

—*Tus hermanos están en Siquén apacentando las ovejas. Quiero que vayas a verlos.*

—*Está bien* —*contestó José.*

Israel continuó:

—*Vete a ver cómo están tus hermanos y el rebaño, y tráeme noticias frescas.*

Y lo envió desde el valle de Hebrón. Cuando José llegó a Siquén, un hombre lo encontró perdido en el campo y le preguntó:

—*¿Qué andas buscando?*

—*Ando buscando a mis hermanos* —*contestó José*—. *¿Podría usted indicarme dónde están apacentando el rebaño?*

—*Ya se han marchado de aquí* —*le informó el hombre*—. *Les oí decir que se dirigían a Dotán.*

José siguió buscando a sus hermanos, y los encontró cerca de Dotán. Como ellos alcanzaron a verlo desde lejos, antes de que se acercara tramaron un plan para matarlo. Se dijeron unos a otros:

—*Ahí viene ese soñador. Ahora sí que le llegó la hora. Vamos a matarlo y echarlo en una de estas cisternas, y diremos que lo devoró un animal salvaje. ¡Y a ver en qué terminan sus sueños!*

Cuando Rubén escuchó esto, intentó librarlo de las garras de sus hermanos, así que les propuso:

—*No lo matemos. No derramen sangre. Arrójenlo en esta cisterna en el desierto, pero no le pongan la mano encima.*

Rubén dijo esto porque su intención era rescatar a José y devolverlo a su padre.

Cuando José llegó adonde estaban sus hermanos, le arrancaron la túnica especial de mangas largas, lo agarraron y lo echaron en una cisterna que estaba vacía y seca. Luego se sentaron a comer. En eso, al levantar la vista, divisaron una caravana de ismaelitas que venía de Galaad. Sus camellos estaban cargados de perfumes, bálsamo y mirra, que llevaban a Egipto. Entonces Judá les propuso a sus hermanos:

—¿Qué ganamos con matar a nuestro hermano y ocultar su muerte? En vez de eliminarlo, vendámoslo a los ismaelitas; al fin de cuentas, es nuestro propio hermano.

Sus hermanos estuvieron de acuerdo con él, así que cuando los mercaderes madianitas se acercaron, sacaron a José de la cisterna y se lo vendieron a los ismaelitas por veinte monedas de plata. Fue así como se llevaron a José a Egipto.

Cuando Rubén volvió a la cisterna y José ya no estaba allí, se rasgó las vestiduras en señal de duelo. Regresó entonces adonde estaban sus hermanos, y les reclamó:

—¡Ya no está ese mocoso! Y ahora, ¿qué hago?

En seguida los hermanos tomaron la túnica especial de José, degollaron un cabrito, y con la sangre empaparon la túnica. Luego la mandaron a su padre con el siguiente mensaje: «Encontramos esto. Fíjate bien si es o no la túnica de tu hijo.»

En cuanto Jacob la reconoció, exclamó: «¡Sí, es la túnica de mi hijo! ¡Seguro que un animal salvaje se lo devoró y lo hizo pedazos!» Y Jacob se rasgó las vestiduras y se vistió de luto, y por mucho tiempo hizo duelo por su hijo. Todos sus hijos y sus hijas intentaban calmarlo, pero él no se dejaba consolar, sino que decía: «No. Guardaré luto hasta que descienda al sepulcro para reunirme con mi hijo.» Así Jacob siguió llorando la muerte de José.

En Egipto, los madianitas lo vendieron a un tal Potifar, funcionario del faraón y capitán de la guardia" (Génesis 37:1-36, NVI).

El futuro promisorio de José se derrumbó en poco tiempo. Sus hermanos lo vendieron como esclavo, y allí comenzaron años de angustias y presiones. Fue llevado a la casa de Potifar. Como se mantenía haciendo la voluntad de Dios, halló gracia ante los ojos del dueño de casa, quien lo puso como administrador de todo lo que tenía. Sin embargo, una situación con la esposa de Potifar lo envió a la cárcel.

Una vez más, fue ultrajado sin ser merecedor de eso. Pasó allí varios años hasta que tuvo una nueva oportunidad. Así fue que manteniéndose en un andar íntegro a pesar de las circunstancias, llegó a convertirse en el segundo del Faraón.

"Así que el faraón le informó a José:

—Mira, yo te pongo a cargo de todo el territorio de Egipto.

De inmediato, el faraón se quitó el anillo oficial y se lo puso a José. Hizo que lo vistieran con ropas de lino fino, y que le pusieran un collar de oro en el cuello. Después lo invitó a subirse al carro reservado para el segundo en autoridad, y ordenó que gritaran: «¡Abran paso!» Fue así como el faraón puso a José al frente de todo el territorio de Egipto.

Entonces el faraón le dijo:

—Yo soy el faraón, pero nadie en todo Egipto podrá hacer nada sin tu permiso" (Génesis 41:41-43, NVI).

De ser vendido como esclavo, llegó a ser el hombre en autoridad sobre esa tierra.

Treinta años después de la desdicha inicial, tuvo la oportunidad de reunirse nuevamente con sus hermanos. Ellos fueron enviados por su padre a la tierra de Egipto para comprar alimentos. Cuando José descubrió que sus hermanos se encontraban allí, tuvo que elegir. Esa podía ser una gran oportunidad para vengarse o para reclamar los años perdidos al lado de sus seres queridos. También podía buscar "justicia" y que se castigara a sus parientes por las cosas terribles que le habían hecho. ¡Tenía el poder para hacerlo! Cualquier cosa que eligiera se cumpliría ampliamente. Él era el hombre en Egipto y sus deseos serían cumplidos.

¿Qué hubieras hecho tú? ¿Venganza? ¿Justicia? ¿Castigo?

José tuvo a sus hermanos delante, y sus acciones con respecto a su pasado le permitieron intervenir en sus emociones con respecto al futuro. Les dijo:

"Pero ahora, por favor no se aflijan más ni se reprochen el haberme vendido, pues en realidad fue Dios quien me mandó delante de ustedes para salvar vidas… Por eso Dios me envió delante de ustedes: para salvarles la vida de manera extraordinaria y de ese modo asegurarles descendencia sobre la tierra. Fue Dios quien me envió aquí, y no ustedes. Él me ha puesto como asesor del faraón y administrador de su casa, y como gobernador de todo Egipto" (Génesis 45: 5,7-8, NVI).

Los hechos de su pasado no cambiaron, pero sí cambió la interpretación que él pudo darle al mismo. Pudo intervenir en sus emociones porque había diseñado un futuro al que estaba comprometido.

> PUDO INTERVENIR EN SUS EMOCIONES PORQUE HABÍA DISEÑADO UN FUTURO AL QUE ESTABA COMPROMETIDO.

El caso de José es bien interesante. Él estuvo delante de sus hermanos, aquellos que lo habían odiado, que lo habían humillado; las mismas personas que lo vendieron como esclavo, que lo metieron dentro de una cisterna y le mintieron a su padre acerca de su paradero.

¿Qué hubieras hecho tú en su lugar? Muchos seguramente hubieran sentido una emoción fuerte de rencor, de odio. Hubieran permitido que esas emociones fueran dueñas de su vida y desde allí, probablemente hubieran elegido encarcelar a los hermanos, azotarles o causarles dolor.

José no simplemente perdonó poniendo todo en el olvido. Como las abuelas acostumbran a decirles a sus nietitos cuando se golpean: "¡Ya pasó!". José no dijo simplemente "Ya pasó", o "Me olvidé", o "Está bien". Lo que dijo fue: "Hubo un propósito".

Uno puede reinterpretar su pasado conforme a su futuro. El gran problema es que muchos ni futuro tienen. Por eso viven colgados de su pasado y desde allí toman decisiones en su presente.

Recuerdo que en una oportunidad fui a comer con unos conocidos. Vi en uno de ellos uno de los mayores casos de amargura que conocí. Un hombre de medio siglo vivía destilando amargura a cada instante. Lo escuché decir: "¡Ya no tengo sueños; solo los sueños de mis hijos! ¡Dado que mis padres nunca me ayudaron a vivir mis sueños, yo no permitiré que lo mismo suceda con mis hijos!".

Al conocerlo un poco más, observé cómo ante cada situación que consideraba una injusticia salía desesperado a tratar de cambiarla. La falta de equilibrio interior lo hacía murmurar y desestabilizar iglesias y personas a su alrededor. Era un buen hombre, o por lo menos con buenas intenciones, pero producía más daño que bendición. Su falta de futuro agrandaba constantemente su pasado y dominaba su presente. Él necesitaba trabajar sus emociones y generar un espacio diferente para su vida y las de sus hijos. Pero para poder reinterpretar, primero necesitaba saber hacia dónde ir. Si no hay futuro, el pasado se adueña de tu presente en tus pensamientos, en tus acciones, en tus emociones.

José sabía que Dios lo había puesto allí, que lo había preparado y entrenado para poder ser una opción para sus hermanos, su familia, su padre. Cuando él reinterpreta delante de sus hermanos, no niega los hechos, no los esconde, no busca aceptar lo sucedido y llorar sobre su pasado. Elige darle una interpretación más poderosa que les permita a todos estar alineados con la voluntad de Dios para su futuro, y con el corazón y carácter de un hijo de Dios para poder vivir el presente.

Algunos quieren reinterpretar sus emociones desde lo que les está pasando, negando las emociones. No es cuestión de que no lo sientas, sino de que acciones. ¿Es poder decir "hoy es el día de levantarme" y no estar molesto? ¡Imposible! Desde el presente no podemos reinterpretar la emoción, y mucho menos intervenir en ella.

Yo puedo reinterpretar lo que me está pasando, rediseñando futuro. Ahora, también para eso necesito reinterpretar mi pasado, no mi emoción. Sacar el pasado sirve si hay un propósito, si hay un para qué, si tengo una visión poderosa, si decido ponerlo como modelo de aprendizaje, y muchas veces me sirve para aceptarlo. Si quiero vivir en el presente con lo que produje en el pasado, difícilmente voy a intervenir en la emoción, aceptar lo que fui y decidir ser quien quiero ser.

Hoy decido intervenir en una emoción y desde ahí, diseñar una visión poderosa. Una visión poderosa es que decido ser poderoso en cualquier dominio de mi vida. Para poder caminar por este sendero, necesito también tomar conciencia de que vivimos en una sociedad donde no se hace un ejercicio del futuro. Este es uno de los problemas de las emociones en la actualidad.

> HOY DECIDO INTERVENIR EN UNA EMOCIÓN Y DESDE AHÍ, DISEÑAR UNA VISIÓN PODEROSA.

Una buena manera de practicar diseño de futuro es, ante diferentes momentos emocionales, empezar a hablar de lo que va a pasar y chequear si para lo que yo deseo ser en un determinado tiempo, me sirve esta emoción. Reinterpretar, practicar el diseño de futuro y no quedarse enredado en el pasado nos ayudará a caminar con más poder y aprendiendo de cada situación que nos pase.

CAPÍTULO 8

LA TÉCNICA PARA INTERVENIR

No podremos intervenir en las emociones si no lo hacemos desde el futuro. Un mundo que solo nos invita a vivir el presente es un mundo que pretende que no tengamos conciencia de futuro.

Hebreos 11:1 dice: *"Es pues la fe la certeza de lo que se espera, la convicción".*

Hemos sido muy poderosos en los últimos años en tener la certeza. Ayudamos a muchos con miles de libros a desarrollar una convicción creyente, a no tener dudas, a caminar por fe. Hemos tenido éxito. También caminamos en la convicción de lo que no se ve. Milagros y maravillas han sucedido en miles de lugares cuando los cristianos comenzamos a vivir en la convicción del poder de Dios más allá de lo que veamos o no. Y así hemos crecido en nuestra fe.

Pero mientras todo esto sucedía, el mundo buscaba cambiar el paradigma existente en los últimos tres siglos: "Pienso, luego existo" por el que un alocado, vertiginoso y experimental siglo XXI nos pide: "Siento y luego existo", generando una era que, en su énfasis por vivir la sensación del momento, se convierte en una generación sin conciencia de futuro; se convierte en una era que no espera.

Esa pequeña palabrita del versículo que parecía solo de relleno, terminó convirtiéndose en el lugar por donde nuestras culturas están sucumbiendo. No hay espera, no hay futuro, no hay mañana. Por eso elijo solo vivir lo que siento hoy, la experiencia del momento, y no preocuparme por lo que sucederá mañana, dado que no sé si vendrá. Las palabras del apóstol Pablo en 1 Corintios 15 hablando de la resurrección de Jesús y nuestra espera de Él y en Él tienen cada día más fuerza. Si no tenemos convicción y espera en lo que habrá de venir, comamos y durmamos, que solo moriremos.

¿Para qué vivir una vida diferente de elevarnos e ir en busca de la cima en nuestras relaciones, en nuestra transformación, en nuestra santidad, en nuestros resultados, si total, mañana moriremos? Hay una masa de seguidores de esa premisa. Vivamos el presente, vivamos lo que sentimos, no nos preocupemos por lo que vendrá porque de seguro... nada vendrá. La espera se convirtió en una mirada añeja, en desuso, que solo sirve para perder el tiempo y "vivir la vida loca".

No podremos intervenir en las emociones si no diseñamos un futuro poderoso que tenga que ver con nuestra visión y misión, y con la unción de Dios en nuestras vidas. No podremos intervenir en nuestras emociones si no tomamos conciencia de la importancia de traer el futuro al presente, de comenzar a ser quienes elegimos ser más allá de las circunstancias o de todo tipo de estímulo sensorial, cultural, biológico, relacional o personal. El saber hacia dónde voy me permitirá vivir una vida equilibrada, aunque todo alrededor cambie a ritmos descontrolados.

Cuando el centro está quieto, el trompo puede girar, pero lo hace de manera armoniosa y casi sin parecer en movimiento porque su centro está equilibrado. Ese es el presente que podemos tener. La clave no es no tener emociones, sino cambiar la ecuación: convertir "siento y luego existo" en "existo y voy sintiendo mientras camino".

EL SABER HACIA DÓNDE VOY ME PERMITIRÁ VIVIR UNA VIDA EQUILIBRADA.

La espera debe ser hoy una de nuestras proclamas principales. Ten convicción, ten certeza y hazlo en medio del camino de espera que mira hacia delante, que te permite poder comprometerte a intervenir en tus emociones porque sabes quién eres y hacia dónde eliges ir.

CONCIENCIA DE LA ESPERA

Para tomar conciencia de la espera, debemos elegir hacia dónde ir y comprometernos con eso. No me relaciono con lo que sé y descubro, sino con aquello que visiono y declaro llegar y diseñar. Lo primero que debemos hacer cuando la emoción nos tenga es venir desde el compromiso. El compromiso es una declaración en el lenguaje, que sostengo con acciones. Comprometerme hacia la visión que tengo es lo que cambia el mundo en el que vivo por el mundo en el que quiero vivir.

Muchos se comprometen con su pasado o con su presente y terminan reaccionando. Comprometerme con el futuro que Dios bendijo para mí y hacia el que voy me permitirá intervenir en la emoción. Esta decisión es primordial para vivir una vida diferente: no elegir hacer por la motivación o por las circunstancias, sino por un compromiso con la visión, con mi mirada hacia delante, con mi espera.

Jesús mismo estando en la tierra, ante grandes y angustiosas emociones, nos dio el ejemplo de que la emoción no debo controlarla, reprimirla, incluirla o resistirla, sino intervenir en ella desde la espera y mi compromiso con la visión.

JESÚS Y SU COMPROMISO ANTE LA EMOCIÓN

Sabía que había llegado su hora. Subió al monte en medio de cánticos e himnos. Tres de sus discípulos lo acompañaban en la travesía en medio de la presión. Y llegó a Genesaret, un sitio especial. En medio de los olivares, era el lugar de convertir los olivos en aceite, pasados a través de una rueca.

Jesús pasaría por la presión más grande de su vida: todas las emociones juntas, el pasado, el futuro, el presente y un terrible dolor en el cuerpo conforme a lo que vendría. En medio de su oración, le dijo al Padre: *"Pasa de mí esta copa"* (Lucas 22:42). Le estaba hablando desde lo que sentía.

Es muy interesante poder reconocer hasta dónde quien estaba en lo más alto se había humillado hasta lo más bajo. Podía estar a la diestra de Dios y estaba siendo hombre y sufriendo como tal. ¿Quién desea morir?

¿Quién desea ser crucificado, golpeado, que hagan de ti un destrozo de ser humano?

"Pasa de mí esta copa" era hablar desde lo que siento cuando pienso en lo que vendrá. ¡Hay tantos momentos donde los sentimientos dominan nuestras acciones! No le decimos al Señor *"Pasa de mí esta copa"*, ni le decimos al futuro "no voy hacia allá", sino simplemente dejamos que la emoción hable a Dios, al futuro, al pasado, al cuerpo.

"Pasa de mí esta copa" de esfuerzo extra, de soportar las blasfemias, de ser denigrado hasta lo más bajo, de quedar solo colgando de un madero, de morir de la peor forma. *"Pasa de mí esta copa"*.

¡Qué excelente ejemplo el de Jesús para poder imitar! No permitió que la emoción lo tuviera, sino intervino en ella. Jesús es el mejor y más sublime ejemplo de la diferencia de "Siento y luego existo" a "Me comprometo con quien elijo ser".

"ME COMPROMETO CON QUIEN ELIJO SER".

Fue el momento más importante en la historia de la humanidad de cómo intervenir en las emociones. Él no las resistió. Dice la Palabra que sudaba sangre... Él no trató de controlarlas. No dice en ningún momento que le dijo a la emoción: "Vete de mí, yo no lloro, yo no me angustio". Él simplemente no la aceptó, dado que eso era todo lo que pasaría y debía pasar. Él intervino en ella con preguntas, firme en su compromiso de ser y hacer.

Nuestro Señor Jesús pudo en ese momento aceptar la oferta que el diablo le había hecho tiempo atrás. En un momento lo llevó a un alto monte, le mostró todos los reinos de la tierra y le dijo: *"Si tú postrado me adorares, todos serán tuyos"* (Lucas 4:7, RVR-1960). Era recibir lo mismo que sabía que tendría, pero sin pagar el precio del dolor que la crucifixión traería.

"Pasa de mí esta copa" es déjame vivir lo que siento y no lo que estoy comprometido, no mi futuro. Es no intervenir en la emoción, dejarla ser, que tenga predominio sobre todas nuestras decisiones. Al final, Él

supo que no se podía pasar esa copa, y Dios Padre supo que Él estaba comprometido a intervenir en su emoción y ser quien había sido llamado a ser.

Muchas veces "siento y luego existo" es una muralla de estímulos en contra de nuestra visión. Es poner las circunstancias por delante de las decisiones; las emociones, por delante de las elecciones. "Pasa de mí esta copa" es decirle a Dios: "Estoy sintiendo algo que no me gusta y quiero existir conforme a lo que estos sentidos me dicen que tengo que hacer".

¿Es así tu vida? Cuando eres pasado por el Genesaret de la presión emocional, ¿qué sale de ti? ¿Te sacas con facilidad? ¿Te enojas más que otros, gritas, te angustias y te preocupas al punto de llorar? Cuando las sensaciones te tienen, ¿solo miras un futuro sombrío, un presente abrumador y un pasado de excusas? ¿O puedes ir más allá, intervenir en ella y levantarte y decirle a la gente que tienes a tu alrededor: "Vamos, llegó la hora"?

Hoy día, como cristianos estamos llamados a ser la reserva moral de la humanidad, y no lo haremos si dejamos que lo que sentimos domine nuestra existencia. Sea lo que sea, intervengamos en nuestras emociones conforme a la visión, hacia donde elegimos ir, con el llamado de Dios para nuestras vidas, con todo lo que tenemos en nuestro interior.

HACIA LA VISIÓN, INTERVENGO EN LA EMOCIÓN

Vimos cómo Jesús se relacionó con todas las emociones que le significaban estar a punto de entregar su vida por la humanidad y pasar gran cantidad de sinsabores y dolores. Solo el compromiso con la visión le permitió salir de ese lugar.

El mirar hacia adelante, hacia lo que se espera, hace que el estímulo producido en mis emociones por cada agente externo o interno no influya en mis acciones, en mi mirada de los hechos o en mi manera de relacionarme con

SOLO EL COMPROMISO CON LA VISIÓN LE PERMITIÓ SALIR DE ESE LUGAR.

otros. Para esto también es importante reconocer quién estaré siendo mientras camino hacia allá.

¿Cómo me mantengo siendo quien Dios me llamó a ser cuando chequee verdad/error en un mundo de constante cambio?

Los impetuosos líderes de este tiempo que caminan a tientas probando por dónde es el camino que deben seguir, por más ímpetu, carácter o habilidades relacionales que tengan, caerán presa de las emociones que tendrán y tomarán como verdaderas. Sirenas al viento serán para un barco a la deriva que solo busca hacia dónde está su norte.

Poder decir *"Pasa de mí esta copa"* en medio de la emoción es aprender a moverte en medio de las turbulencias. Puedes manejar un avión en medio de la niebla con instrumentos; no solo a fuerza de sentidos. No creo que te permitan llevar el avión de 500 personas cuando les digas: "No se preocupen, yo me guiaré por mis sentidos". ¿Y por qué les permitimos a los líderes de nuestras organizaciones que nos deslumbren con sus sentidos cuando en medio del vendaval no tienen rumbo... cuando sus análisis son sobre las emociones o los sentidos que perciben en cada situación, sobre su experiencia anterior en problemas similares, o su intuición de cómo llevar adelante lo que no saben cómo terminará?

¿Le darías a manejar el avión de tu vida a quien te ofrezca hacerlo por sus sentidos, por experiencia o por pasado? No. Seguro que no. Cien veces no. Pero mientras somos tan claros ahí y vemos la necesidad de ir en medio de la niebla con instrumentos, en el mundo organizacional hacemos ayuno y elevamos plegarias por nuestros impetuosos líderes.

> DEBO TOMAR CONCIENCIA DE LA BRECHA QUE HAY ENTRE QUIEN SOY Y QUIEN ELIJO SER.

Llegó la hora de que les enseñemos a viajar con instrumentos; a ser profesionales conductores de vuelo en medio de la tempestad porque se prepararon, porque no se guían por lo que sienten o por lo que sus sentidos les hacen ver. Enseñémosles a ser profesionales conductores por su planificación, por su desarrollo, por su seguridad de pasar e intervenir en todo lo que suceda, basándose en lo que elijo estar siendo para llegar y ayudar a otros a llegar.

Después de reconocer la misión y esperar en ella, y de comprometerme a caminar conforme a la visión y no a la emoción, debo chequear constantemente quién soy y las bendiciones de Dios sobre mi vida. Cuando reconozco que necesito intervenir en la emoción a través de mi diseño de futuro de poder visionario y de comprometerme a ello, es un buen tiempo para saber que en mi caminar hacia allí debo tomar conciencia de la brecha que hay entre quien soy y quien elijo ser.

LA BRECHA EMOCIONAL

Muchos no pueden trabajar sus emociones o su respuesta a la misma vez porque cuando las ven, no pueden reconocer ni tomar conciencia de que forman parte de su vida cotidiana. Le echan la culpa a todo lo de afuera, a las circunstancias o a lo que sucede en ese momento en la organización, pero sin darse cuenta de que es un patrón que se repite con ellos, no con las circunstancias.

A veces hay personas que son hiperpoderosas en un área o dominio, pero cuando cambian de dominio o tienen una cuota de poder o de angustia que antes no tenían, son teñidas por las emociones y ellas dominan sus vidas. Debemos tomar conciencia de las emociones para poder trabajar en ellas.

Al tomar conciencia, es importante que no se tome eso como la verdad absoluta, como lo que soy, como lo que descubrí en mi interior y no puedo cambiar. Debo relacionarme con ello como quien estoy siendo, como mi proceso. Aunque haya caído en esa manera de ser durante los últimos años de toda mi vida, es un proceso en el cual puedo

> **DEBEMOS TOMAR CONCIENCIA DE LAS EMOCIONES PARA PODER TRABAJAR EN ELLAS.**

trabajar. Si tengo futuro, si tengo visión, si tengo compromiso y si tomo conciencia de la brecha entre quien soy emocionalmente y quien elijo ser, podré intervenir en la emoción y generar nuevos espacios que hasta ahora no existían en mí.

Ante la brecha emocional deberé tener una observación más aguda; preguntarme y discernir de dónde proviene la brecha y cuánto está afectando a mi manera de ser, y elegir ser conforme al diseño de Dios para mí. Allí deberé hacer preguntas conducentes a cambiar ese modelo en mí.

Si en el momento de la emoción soy una catarata de dar órdenes, de solo usar un lenguaje imperativo y vivir desde decirle a todo lo que me rodea lo que tiene que hacer, posiblemente será muy dificultoso trabajar la emoción. Para intervenir en ella, debo entrar en espacios de lenguaje generativo, donde pueda hacer preguntas que me conduzcan hacia donde me comprometí a ir.

La emoción tiñe mi vista; es tiempo de andar con instrumentos. Estos son los que diseñé anteriormente, el lugar hacia donde accioné y hacia donde iba. Así podré lograr que mi ser se relacione con otros por las preguntas que tengo para hacerles y no por la emoción que me tiene.

La emoción tiñe mi vista; es tiempo de andar con instrumentos.

Preguntar conducentemente en medio de la emoción que intenta tenerme, me ayuda a darle nuevos espacios y oportunidades a la gente, a las circunstancias y a mí mismo, para salir de la emoción o reencauzarla hacia donde voy. La pregunta me ayudará a ser más grande que la emoción y a que esta no me tenga.

Incorporar nuevas habilidades también me sirve para tomar conciencia de la brecha que existe entre quien soy y quien elijo ser, en cuanto a las emociones. A veces, tomar un nuevo curso, estudiar una nueva carrera o desarrollar una aptitud que sabía que me hacía falta, pero que no llevaba adelante, me servirá para poder intervenir en la emoción.

Estos desafíos que requieren mucho tiempo y la emoción me hacen creer que el nudo comienza y termina hoy, que el pasado me limita y el futuro me abruma. Sin embargo, ir hacia la visión que tengo, con un compromiso a incorporar nuevas herramientas, me ayudará a ampliar mi manera de ser emocional.

Aunque parezca que no tiene sentido a corto plazo, sí lo tiene. Nueva gente, nuevos horarios, nuevos desafíos le dan oxígeno al cuerpo que fue batido por la emoción y que necesita recuperarse. Cuando decida incorporar nuevas habilidades, deben ser aquellas que me permitan lograrlo. No es simplemente meterme en la carrera de la universidad que nunca pude hacer y que solo causa que me aleje de mi familia y que pierda mi trabajo, y por ende que mis emociones se acentúen y me hagan creer que el mundo no puede cambiarse. Es poder incorporar modelos que sean manejables.

Se puede intervenir en las emociones. Está en mí llevar mi vida a un nivel que me permita llegar a nuevos niveles.

Diseñar acciones poderosas me permitirá tomar conciencia de la brecha. Yo sé muy bien aquellas áreas de mi vida donde soy poderoso, y lo que debo hacer es emprender acciones que tengan que ver con esas áreas. Cuando las emociones me traten de tener, no podrán, dado que tengo mi mira puesta en acciones más allá de mí mismo.

> DISEÑAR ACCIONES PODEROSAS ME PERMITIRÁ TOMAR CONCIENCIA DE LA BRECHA.

Lo que cambiará mi historia emocional es ir por cosas más grandes. Es no tenerle miedo al fracaso, sino permitirme aprender de él, tomar conciencia de la brecha entre quien soy y quien elijo ser, e ir por mi visión basándome en mi compromiso y en mi mirar hacia delante como nunca. Cuando vengan los problemas, estaré tan enfocado en ir hacia delante, que solo me ocuparé de que cuando deseen patearme, me envíen hacia la dirección donde mi futuro me espera, para llegar más rápido.

EXISTO Y LUEGO SIENTO

Para poder llegar a intervenir en la emoción, es bueno centrarme en el Señor cada día; en reconocer mis verbos maestros, los llamamientos, talentos y misión que Dios puso en mí y que yo elegí para mi diario vivir. No tengo que ser alguien que hace grandes cosas, sino aquel que en las pequeñas cosas se hace grande. Dios me hizo único, especial, particular y con talentos y dones que Él eligió poner en mí.

> NO TENGO QUE SER ALGUIEN QUE HACE GRANDES COSAS, SINO AQUEL QUE EN LAS PEQUEÑAS COSAS SE HACE GRANDE.

Hoy es mi tiempo. Pero en medio de los constantes cambios, hay momentos como que pierdo el sentido. ¿Seré ese, Señor? ¿Podré seguirte hasta donde sea, aunque eso signifique estar en medio de mis enemigos? ¿Mi misión y compromiso contigo son tan grandes que caminaré entre fuego y seré aquel que esté a tu lado en toda circunstancia? O cuando la cosa esté difícil, ¿seré el primero en negarte?

¿Dónde está mi límite hoy? Porque conforme a mis propios límites es que Dios se relaciona conmigo. ¿Llegaré como Pedro hasta el mismo lugar donde están juzgando a Jesús, cosa que ningún otro seguidor hizo? ¿O caeré sucumbido ante sus acusaciones porque se desvanecerá el miedo a lo que pasará, me olvido de mi compromiso a entregar mi vida porque la situación saca mis peores sentidos, y termino negando?

Él pasó a su lado y lo miró. Dos rostros confluyeron en una mirada. Uno, horas atrás, tuvo la oportunidad de sentir y hacer que pasara la copa, pero no lo hizo; intervino en sus emociones y fue sus elecciones. El otro, en medio del ataque, a pesar de haberse mantenido comprometido, accionado en ir hacia donde Jesús estaba, llegó un momento en que todo lo que sucedía fue más grande y lo negó.

Las dos miradas hoy me miran a mí; el que sintió y fue, y el que fue y sintió.

Yo elijo. Caminaré hasta donde las fuerzas me lleven y los sentimientos me lo permitan, o lo haré a pesar de todo, parado en mi compromiso de ser quien Dios me llamó a ser.

Nos gusta decir que llegó la hora de que hagamos a los cristianos personas influyentes y a los influyentes personas cristianas. Nunca lograremos influir si ante la acusación yo niego a mi Jesús. Nunca lograremos influir sobre quien me persigue, si ese es mi ejemplo.

Pedro se fue y lloró amargamente. El momento de intervenir en sus emociones como Jesús le había enseñado no sucedía con él, por lo menos allí. Luego aprendió. Recordó ese triste momento donde se dejó llevar por los miedos y las dudas que sentía, y en vez de permitir que estas lo dominaran, intervino en sus emociones mirando hacia su futuro. Les respondió a quienes querían matarlo: *"No podemos dejar de decir lo que hemos visto y oído»* (Hechos 4:20, NVI). Y terminó preso. Pero cuando tú eres tus elecciones y no tus emociones, aunque estés en una cárcel, Dios va a cambiar esa cárcel en un milagro. Él hará de un terrible y sentido momento, un momento de victoria.

Minutos después de obedecer las palabras del ángel, Pedro se dio cuenta de que estaba fuera. Las puertas se habían abierto; estaba libre. Vivió en medio de un milagro y no se dio cuenta. El ángel le dijo: *"Vístete y cálzate las sandalias"* (Hechos 12:8, NVI), y él obedeció. Se levantó y no promulgó palabra. No dejó que el miedo o la duda tuvieran lugar en él. No permitió que nada ni nadie lo detuviera de ser quien Dios lo llamaba a ser. Se levantó y fue hacia su llamado. Las puertas se abrían una tras otra y él caminaba triunfante, sin permitir que ninguna emoción fuera más fuerte que él mismo.

Imagino que, al salir, recordó nuevamente el rostro del Señor aquella triste noche. Pero esta vez lo miró a los ojos y sonrió.

Pedro estuvo en dos situaciones. Pedro tuvo dos maneras diferentes de relacionarse con circunstancias y emociones. En una, las emociones lo tenían. En la otra, él tenía emociones que eran conducidas por su propósito de vida y sus compromisos.

Preguntarnos si lo que sentimos nos sirve con ese propósito nos ayudará a trabajar con aquello que vivimos emocionalmente. No queremos decir con esto que nos convertiremos en autómatas, que no sentiremos y que solo lo haremos en caso de que tenga que ver con nuestro diseño de futuro. Lo que decimos es que cuando la emoción llegue, podremos elegir si la misma formará parte de mí y de mi construcción de lo que Dios quiere para mi vida o no.

EMOCIONES QUE INFLUYEN O CRISTIANOS INFLUYENTES

Dios diseñó la vida para que la disfrutemos. La vida es linda. Dios quiere que disfrutemos la vida influenciando cada lugar donde estamos. Hemos sido llamados a ser luminares en medio de lo que nos rodea; no simplemente espectadores, sino protagonistas.

Hagamos a los cristianos personas influyentes y hagamos cristianos a las personas influyentes porque este es el deseo de Dios. Su deseo no es solo que nos convirtamos y que seamos cristianos de domingo, sino que cada uno de nosotros crezca y pueda influenciar su comunidad.

¿Cuántas veces nos ha pasado que tenemos la boca llena de Palabra, pero el corazón vacío? ¿O que tenemos la boca llena de Palabra, pero nuestras acciones no coinciden con nuestras palabras? A veces nos quejamos de que no logramos ser la influencia que deseamos ser en nuestra sociedad, en nuestra casa, en nuestra vida. Nos quejamos sin hacer nada por eso, sin darnos cuenta de lo que Dios está esperando de cada uno de nosotros. Estamos en un tiempo especial en donde Él desea que entendamos que los cristianos somos la reserva moral de la humanidad.

Este es un tiempo especial donde Él nos está llamando a representarlo. Sin embargo, en el mundo en el que hoy vivimos, las cosas han cambiado. Ya la gente no lee lo que tú dices, sino lo que tú haces. El pasaje de 2 Corintios 3:2 nos dice que somos cartas vivientes:

YA LA GENTE NO LEE LO QUE TÚ DICES, SINO LO QUE TÚ HACES.

"Nuestras cartas sois vosotros, escritas en nuestros corazones, conocidas y leídas por todos los hombres; siendo manifiesto que sois carta de Cristo expedida por

nosotros, escrita no con tinta, sino con el Espíritu del Dios vivo; no en tablas de piedra, sino en tablas de carne del corazón".

Este versículo es cada día más real. Estamos en un tiempo donde la gente, cada vez más, te leerá a ti más que escuchar lo que tú dices. Para ser un cristiano influyente, la gente no escuchará la gran cantidad de principios que tienes en tu boca. Lo que van a escuchar son las palabras de tu corazón. Examinarán si estás o no siendo carta viviente. La única manera en que podrás convencer a los que tienes al lado es que cuando se acerquen y te digan: "yo quiero tener lo que tú tienes", tú puedas decirles: "es Cristo en mí, la esperanza de gloria".

Cuando te pregunten qué es lo que tú tienes que te hace especial, que siempre sonríes, que disfrutas de la vida, que a pesar de las situaciones por las que estamos pasando tú siempre tienes comida en tu casa, tú siempre prosperas, tú puedes llevarlos al único y verdadero salvador del hombre: ¡Jesucristo!

Pero lamentablemente no podemos hacer influyentes a los cristianos ni cristianos a los influyentes porque tenemos la boca llena de Biblia y el corazón partido. Lo tenemos partido, quebrado... Y depende de las situaciones... depende de los momentos. Algunos pensamos que esto nos sucede solamente a nosotros, pero déjame mostrarte que no es así.

En las Escrituras encontramos un excelente ejemplo en la vida de Pedro. Ya hablamos de él, pero me gustaría profundizar. Entiendo que es uno de los momentos más emocionantes en la Palabra de Dios, y quisiera verlo en detalle. En muchos relatos de las Escrituras, se nota que es un cristiano poderoso. ¿Pero qué dice la Palabra acerca de Pedro en los momentos bajo presión? Es ahí cuando uno puede saber si está siendo una posibilidad o solamente una circunstancia… si tiene emociones o si las emociones lo tienen a él.

Cuando estás bajo presión, va a salir lo mejor o lo peor que haya dentro de ti. Hay algunos que se llenan la boca de palabras, pero cuando las cosas se ponen duras o las circunstancias cambian, ya no son tan cristianos como uno pensaba que eran. Empiezan a darse vuelta dependiendo de las situaciones.

Dios quiere que tú influyas en tu comunidad, y no lo harás solamente sabiendo la Biblia de memoria, sino emanándola desde tu corazón para que puedan ver a Cristo reflejado en tu rostro.

Pedro estaba sentado fuera en el patio y se le acercó una criada, diciendo: *"Tú también estabas con Jesús el galileo"* (Mateo 26:69).

Jesús estaba entregando su vida. Pedro estaba sentado fuera. Adentro estaban golpeando a Jesús; desfigurando al Señor. En ese mismo momento le daban a Jesús con un látigo. Era un látigo que tenía en sus puntas trozos de hueso que, al hacer contacto con la espalda, dejaba una grieta levantando carne a su paso, inflando los costados y convirtiéndolo en una llaga. En el momento de rozar la piel, quedaba enganchado en ella.

Jesús estaba siendo castigado y maltratado adentro. Sin embargo, era un momento donde todos sus discípulos se habían ido. Solo uno lo había acompañado; uno que había dicho: *"Señor, te seguiré a donde quiera que vayas"* (Lucas 9:57). Fue como quizás muchos de nosotros que cuando tenemos contacto con Dios y su Palabra nos comprometemos a ser cristianos influyentes. Queremos serlo en nuestra profesión, queremos serlo en nuestra casa y queremos serlo en cada circunstancia y con la familia. Pero ante la primera emoción que nos cambia, ante la primera situación que nos exige extra, desfallecemos.

De todos los que se habían ido, él estaba en el patio. Él se había comprometido a influenciar y a seguir a Jesús, y allí estaba. Se le acerca una criada, lo mira y le pregunta si él era de aquellos que habían estado con Jesús. ¡Qué mejor oportunidad para contarles quién era Jesús! ¡Qué gran oportunidad para intervenir en la emoción desde el futuro promisorio que Jesús les había planteado! "Iré y prepararé lugar para ustedes en la casa de mi Padre", les había mencionado horas antes (Juan 14:2, parafraseado).

¡Qué mejor oportunidad que esta, que ante un momento de presión salga todo tu cristianismo! ¡Que lo que salga sea mi seguir a Jesús! ¡Que lo que salga sea no dejarme llevar por un mundo liviano o acomodado, sino uno de principios y valores!

Pedro tenía la gran oportunidad para cambiar la historia. ¡Alguien lo reconoce como cristiano! ¿Qué hubieras hecho tú allí? Dicen las Escrituras lo que hizo Pedro.

"Mas él negó delante de todos, diciendo: No sé lo que dices" (Mateo 26:70).

Es como ese que se levantó a la mañana, llegó a su trabajo y se encontró que le daban un ascenso. Le cambiaron la oficina, lo llevaron a una nueva y bonita en un piso 20 con vista al mar. Llegaron los compañeros de trabajo y le preguntaron: "¿Tú eres el nuevo jefe?". Luego le preguntan: "¿Tú eres cristiano?", y él les responde: "Bueno... mi vida privada no te incumbe".

¿Desde cuándo el cristianismo es vida privada para ti? O sea, que tú prescindes de tu cristianismo solo para que los demás no se sientan tocados. Si eso sucede, te estás perdiendo la gran oportunidad de influenciar.

Dios ya nos llamó a influenciar. Si no lo estamos haciendo es porque nos dejamos llevar ciegos por las tonterías de este mundo, que nos hace creer que si somos livianitos y si andamos por la vida sin decir lo que somos y quienes somos, sin vivir lo que queremos vivir, eso va a estar bien.

Pedro es el abanderado de todos aquellos que en esta cultura estamos permitiendo el vivir encerrando nuestro cristianismo entre cuatro paredes o en un día a la semana para poder llegar y decir: "Dios te bendiga"... ¡en vez de salir a la vida y darse cuenta de que en este tiempo no hay nada mejor que ser cristiano! ¡Llegó la hora de que todo el mundo se dé cuenta de que ser cristiano es lo mejor que te puede suceder!

DIOS YA NOS LLAMÓ A INFLUENCIAR.

Pedro tenía la gran oportunidad. Sin embargo, negó a Jesús.

"Saliendo él a la puerta, le vio otra, y dijo a los que estaban allí: También éste estaba con Jesús el nazareno" (Mateo 26:71).

Dios es un Dios de segundas oportunidades. Aquí nuevamente alguien reconoce a Pedro. Dios funciona así. Cuando te equivocas, Él no dice: "Sáquenlo del juego"; dice: "¡Vamos a darle una nueva oportunidad!".

Dios le da una nueva oportunidad para relacionarse con todo lo que estaba sucediendo, con todas las emociones que estaban aconteciendo y con su manera de intervenir en ellas, para crear un futuro poderoso. Era el gran momento para influenciar, para poder contar que estos últimos años que vivió lo vio caminar sobre el mar; que los últimos años cuando creyó, lo tuvo; que él mismo caminó sobre el mar; que él, mejor que nadie, vio cómo bendecía a la gente; que hasta los endemoniados eran liberados; que "nada nos faltó en este tiempo. A pesar de que no estábamos comprometidos con generar riquezas, nunca tuvimos ni media necesidad". ¡Es tu gran momento, Pedro! ¡Ve y cuéntales que ese que está muriendo allá es el Salvador también de ellos. ¡Es el gran momento para que ellos también puedan creer y oren contigo!

Yo me imagino que al recibir una segunda oportunidad, Pedro dijo: "¡Gracias, Dios! ¡Gracias por esta nueva oportunidad! La anterior no me di cuenta... ¡me agarró frío! Pero ahora voy a dar lo mejor de mí. ¡Pregunten! ¡Yo soy cristiano, sí!".

Sin embargo, el relato nos menciona que él negó otra vez con juramento: *"No conozco al hombre"* (Mateo 26:72).

Se le acercó todo el mundo. Lo rodearon. Tenía la gran oportunidad. Los miró y les juró: ¡Yo no lo conozco!

¿CÓMO RESPONDERÍAS ANTE LA POSIBILIDAD DE BENDECIR A TU GENTE?

¿Cómo responderías tú ante una segunda oportunidad que Dios te dé de influenciar a una comunidad perdida? ¿Cómo responderías ante la posibilidad de bendecir a tu gente? Si vinieran en tu trabajo, en tu entorno, y te rodearan diciéndote: ¿Ahora eres cristiano? ¿Que te hiciste buena gente? ¿Les responderías "les juro que no lo conozco"?

Estos versículos de las Escrituras están aquí para que despertemos y nos demos cuenta de cuánto el mundo necesita de más y más cristianos que puedan pararse firmes y declarar su cristianismo donde sea y como sea, siendo testimonio de sus palabras con sus vidas.

Pedro tuvo su segunda oportunidad como muchos de nosotros. Fue la gran oportunidad para no dejarse llevar por las emociones que generaban el momento y las personas que había a su alrededor. Al volver a caer, vemos que algo más pasó.

"Un poco después, acercándose los que por allí estaban, dijeron a Pedro: Verdaderamente también tú eres de ellos, porque aun tu manera de hablar te descubre" (Mateo 26:73).

Dios es un Dios de terceras oportunidades; pero no solo eso, sino que además reconocieron a Pedro por su manera de hablar. Una de las cosas que nos está pasando mucho a los cristianos es que se nos reconoce rápidamente por cómo hablamos. Es más, tenemos un lenguaje, una jerga, que solo nosotros entendemos. Hablamos de un modo que entre nosotros nos identifica, nos llena, nos da pertenencia. Pero muchas veces usamos ese mismo lenguaje con toda persona con la que nos cruzamos, sea o no cristiana, y muchos de ellos no entienden nuestro modo de hablar aunque lo identifican.

Uno de mis *coachees* era el presidente de una multinacional que facturaba 200 millones de dólares al año. Él me dijo: "Héctor, una de las cosas que más me molesta es que una de nuestras líderes se llena la boca de Biblia y es quien más problemas nos trae. Entonces sabes por qué no quiero ser cristiano… porque si ser cristiano es ser lo que ella es, yo no quiero ser eso. Nunca la veo sonreír, siempre está amargada. ¡Yo no quiero ser así!".

La manera de ser y de hablar descubrieron a Pedro. ¿Cuánto tiempo habrá pasado desde que entró al patio, compartieron, e hizo que lo reconocieran por su misma manera de hablar?

Si tu manera de hablar no viene acompañada de acciones que reflejen la maravilla y profundidad de Cristo, tu manera por sí sola alejará a la gente de Él, en vez de acercarlos.

Cada uno de los que estaban allí podría haber dicho: "Tú eres de los que siguen al nazareno, cuéntanos más sobre él". Quizás los siguientes versículos dirían: "Y Pedro se levantó y les dijo: 'Ese que ustedes ven allí está entregando su vida por cada uno de nosotros, inclusive ustedes. Ese que ven allí es el que escucharon hacer maravillas, milagros y señales'". Y quizás, media hora después, una manifestación de ellos estaría orando o esperando a ver qué pasa.

Sin embargo, su mensaje no fue poderoso para que la gente creyera. Nuevamente permitió que las emociones lo llevaran a cuidar su presente y no a diseñar un futuro poderoso. ¿Te pasa igual? ¿Qué es lo que hace que los últimos años nadie vino a Cristo a través de tu vida? ¿No será que estás tan preocupado con los quehaceres de este mundo, con tanta ganas de ser igual a ellos que terminaste siendo ellos?

Llegó el día en que entendamos que los cristianos tienen que ser personas influyentes. Le tenemos que decir a este mundo: "Basta. Se terminó".

LOS CRISTIANOS TIENEN QUE SER PERSONAS INFLUYENTES.

Todos esos puestos que ustedes están ocupando para que nuestros hijos no sean educados, todos esos puestos que ustedes están ocupando para que nuestras vidas no sean de bendición, para que nuestros impuestos no estén usados correctamente, los vamos a empezar a ocupar nosotros.

Los vamos a ocupar, no porque nos interese el poder, sino porque nos interesa influir en la sociedad para que cada persona sepa que ser cristiano es lo mejor que le puede suceder, que queremos integridad, que queremos honestidad, que queremos disfrutar de la vida, ¡que para eso hemos sido llamados!

Pedro tuvo la gran oportunidad de pararse delante de la gente y decir: "Sí, soy cristiano, ¿y qué?". Pero el relato nos detalla la parte más triste.

"Entonces él comenzó a maldecir, y a jurar: No conozco al hombre. Y en seguida cantó el gallo" (Mateo 26:74).

Cuenta la historia en la antigua Unión Soviética todavía gobernada por el comunismo, que ser cristiano estaba prohibido y se penaba con la muerte. Los creyentes se juntaban en los sótanos, sin la posibilidad que nosotros tenemos de practicar nuestro cristianismo libremente. Lo hacían en horarios y lugares especiales. Había un grupo de 50 cristianos orando y cantando alabanzas. Rompen las puertas y entran dos soldados encapuchados con metralletas y les dicen:

"Tienen dos minutos para negar su cristianismo. Aquellos que estén dispuestos, les perdonaremos la vida y podrán irse. Aquellos que no, quédense y los asesinaremos". A los tres segundos quedaban solo cuatro personas. El resto se había ido. Los cuatro se arrodillaron y elevaron sus manos al Señor: "Señor, si tenemos que entregar nuestras vidas por ti, lo haremos en este momento, pase lo que pase".

Los soldados se quitaron las máscaras. Se arrodillaron con ellos y les dijeron: "Nosotros también somos cristianos. Hicimos esto porque hay muchos débiles en medio de las congregaciones que si ven soldados reuniéndose, pueden delatarnos. ¡Esta era la manera de saber quién era tibio y débil!".

¿Qué pasaría si allí donde te encuentras entraran en segundos personas que pusieran tu cristianismo en juego? ¿Seguirías siendo un cristiano de influencia? ¿Qué pasaría si estuviera en riesgo tu vida? ¿Llegarías al punto tal de maldecir y decir "Yo no conozco a ese hombre"? Ante la presión, ¿cómo respondes?

No estamos siendo los cristianos poderosos que somos o que podemos ser porque cuando viene la presión, aflojamos rápido. Creemos que porque está en juego nuestra vida, porque está en juego nuestro trabajo, porque está en juego nuestra imagen, eso ya es suficiente para que yo niegue a ese Hombre.

Algunos lo dicen más sutilmente, con el solo hecho de decir: "Yo no ando contando de mi cristianismo... porque mi trabajo es mi trabajo y mi vida privada es mi vida privada". ¿Necesitas de vida privada cuando las cosas te

"A ESTA HORA NO ACEPTO ORACIONES. TENGO VIDA PRIVADA".

van mal y te acercas al Señor y le dices, "ayúdame"? ¿Qué pasaría si Él te contestara: "A esta hora no acepto oraciones. Tengo vida privada"?

Estamos en un tiempo donde Dios desea que ocupemos lugares de influencia, sea en tu casa, en el gobierno, en tu trabajo, donde sea; y que elijamos entender que eso no es solo un trabajo, sino lo que Dios nos llamó a ser para cambiar esta sociedad.

Hoy es un día especial para entender el ejemplo de Pedro y que no nos pase lo que a él le pasó.

"Entonces, vuelto el Señor, miró a Pedro; y Pedro se acordó de la palabra del Señor, que le había dicho: Antes que el gallo cante, me negarás tres veces" (Lucas 22:61).

Cuando sale Jesús, se encuentra con Pedro. El unigénito de Dios salió todo desfigurado, golpeado, y Pedro lo había negado hasta el punto de maldecir y decir no conocer su nombre. Jesús se volvió y miró a Pedro. Me imagino que en el momento que lo miró le dijo: "Pedro, no te preocupes, yo te amo. Yo estaré para ti igual… que todo lo que estuviste diciendo no te pese porque he entregado mi vida hasta por todas las negaciones que me hiciste".

A cada uno de nosotros el Señor Jesús nos mira igual. Te dice: "No te preocupes, te traje hasta acá para amarte. Yo entregué mi vida para elevar la tuya. Yo estoy buscando dar la mejor que tengo. No tengas pena porque yo estoy haciendo todo esto por ti".

Pedro recordó lo que había pasado, y salió de allí y lloró amargamente.

Uno sigue luego profundizando en la historia del apóstol Pedro, y nos dice que unos días después, cuando Jesús les envía al Consolador, el Espíritu Santo, y llena la vida de esos hombres, Pedro se separó de ellos diciendo: "No me lo merezco, no saben lo que hice".

¡ÉL TE DARÁ VIDA ETERNA; NO PASADO ETERNO!

Cuando Jesús resucitó y se acercó a Pedro para que lo siguiera, nos cuenta el relato que Pedro se apartó exclamando que nada más podía hacer, después de haberlo negado. No hay un solo relato que diga: "Yo te negué tanto, hice tantas cosas malas por ti, que te pido, Jesús, que no me bendigas, que solo me castigues, que me hagas sentir que no valgo nada, que no merezco nada".

No hay ningún relato que diga eso. No hay ningún relato que diga que Pedro, después de negarlo, dijo: "No voy a ser más cristiano". Hay muchos más cristianos que se van por el pecado que viven, que por lo que pasa dentro de la iglesia. Llegan a la iglesia y están tan condenados por lo que hicieron, que creen que eso es eterno y no lo pueden cambiar. Y déjame decirte algo: Dios te trajo hasta acá para que entiendas que ¡Él te dará vida eterna; no pasado eterno!

Lo que pasó, pasó. No se puede cambiar. Hiciste cosas malas, negaste a Jesús con tu boca, con tus hechos, en los momentos de presión. Te dejaste llevar por tus emociones. Es momento de comprender que el dolor es inevitable, pero el sufrimiento es una opción.

Te pasaron cosas terribles y te dolieron, pero el sufrimiento es una opción. Negaste al Señor con tu vida, con tus hechos, con el poder que Él tiene. Eso es una opción, no la realidad.

Algunas veces estamos tan preocupados porque ni siquiera somos la imagen de Cristo, que andamos escondiendo nuestro cristianismo, sin darnos cuenta de que Él nos llamó a ser luminares en medio de una generación maligna y perversa.

Si este es tu punto, debes saber que el pasado no lo podemos cambiar. Hay dos grandes derrotadores de la vida de la gente: las condenaciones por el ayer y las ansiedades por el mañana.

El ayer ya pasó, el mañana no vino. Dios te invita a vivir el hoy. Hoy es el primer día del resto de tu vida. Es un gran día. Es especial. Es el día para no dejarse estar en el desconsuelo que me da por no haber sido hasta ahora quien elegí ser.

La Biblia nos cuenta otro momento que Pedro tuvo, después de este

> EL AYER YA PASÓ, EL MAÑANA NO VINO. DIOS TE INVITA A VIVIR EL HOY.

tan especial. Este mismo que negó a Jesús tuvo una nueva oportunidad. ¿Creías que Dios era solo un Dios de terceras oportunidades? ¡No! Aquí vemos una cuarta.

La primera vez lo había negado. La segunda había jurado que no lo conocía. La tercera había caído feo, maldiciendo todo lo que amaba. Pero una nueva oportunidad se presenta a su vida.

Ese Pedro, en vez de quedarse tirado llorando desconsolado por haber negado al mismísimo Jesús, aprendió de ella. La presión en ese tiempo sacó la negación, pero luego su manejo de sus emociones en esos momentos lo llevó a un lugar diferente.

"Sin embargo, para que no se divulgue más entre el pueblo, amenacémosles para que no hablen de aquí en adelante a hombre alguno en este nombre. Y llamándolos, les intimaron que en ninguna manera hablasen ni enseñasen en el nombre de Jesús" (Hechos 4:17-18).

Un día Pedro llegó, le habían dado un nuevo trabajo y le dijeron: "Estuvimos *googleándote* y vimos que todos tus amigos son de esos cristianos, y además fanáticos, de los que van a la iglesia. Puedes mantener la comodidad de este trabajo, pero queremos que ya no menciones que eres un seguidor de Cristo. Vamos a amenazarte para que dejes de sonreír. Sabes que este negocio necesita que se hagan las cosas con el ceño fruncido. Nunca vas a poder educar a tus hijos con esa sonrisa. Eso es permisividad. Te queremos ver la cara de perro".

Amenacémoslos para que no sean bendición, amenacémoslos para que no sean influencia. Amenacémoslos para que no sean luminares. Amenacémoslos para que dejen de contarle a la gente que se puede ser feliz, que se puede disfrutar de la vida. Amenacémoslos, que esta gente está loca. Quieren hacer que todos tengan vida eterna, en vez de morir en un minuto. Amenacémoslos.

Así lo trataron a Pedro y lo amenazaron. Pedro todavía recordaba las tres veces que había negado a Jesús. En el cuerpo sentía el mismo cosquilleo y el miedo y la angustia que se apoderaban de él. Quizás dijo: "¿Qué hago ahora, lo niego, juro o maldigo?".

La palabra "intimaron" en Oriente no es igual que hoy día en Occidente.

Hoy nosotros entendemos como intimar a alguien que te encierren en una habitación y que varios grandotes con gesto adusto te hagan preguntas para que respondas. En aquella época, intimar significaba contacto físico sobre la persona; que su cuerpo sienta la amenaza y le quede la marca de recuerdo. Eran los mismos que habían matado a su Maestro. Quienes estaban entre los protagonistas de la negación volvían sobre Pedro para que ya no lo haga, para que recuerde que si lo niega, saldrá vivo de allí. Esta era gente que amenazaba y cumplía.

"Mas Pedro y Juan respondieron diciéndoles: Juzgad si es justo delante de Dios obedecer a vosotros antes que a Dios; porque no podemos dejar de decir lo que hemos visto y oído" (Hechos 4:19-20).

Lo que marca la diferencia no es lo que hables, sino cómo respondas ante la presión. Si ante la presión respondes siendo poderoso, la presión va a desaparecer. Si ante la presión respondes siendo íntegro, siendo honesto, el adversario se alejará de ti, *"... huirá de vosotros"*, dice la Escritura en Santiago 4:7. El gran problema es que somos blanditos. Al primer toque, empezamos: "Yo no lo conozco", "Yo te juro que...". Llegó el momento de mantenernos firmes y empezar a ser quienes Dios nos llamó a ser.

> SI ANTE LA PRESIÓN RESPONDES SIENDO PODEROSO, LA PRESIÓN VA A DESAPARECER.

Tras la amenaza, les soltaron no hallando ningún motivo por el cual castigarles. Algunos piensan que si él hubiera negado, le hubiese sucedido lo mismo que la primera vez. Pero no solo eso. La respuesta ante la emoción y la presión generada trajo más bendición.

Hay algunas personas que nos preguntan cómo lograr bendición en su vida, prosperidad, felicidad, salir de la angustia. Es que muchos entienden la bendición, la prosperidad, la felicidad, el salir de la angustia, como un evento en sus vidas, y no como un proceso.

Lo que eres hoy es el resultado de las decisiones que tomaste ayer. Lo que eres hoy es el resultado de la influencia que tuviste ayer y de cómo te relacionaste con la presión emocional que desde diferentes ángulos vino por ti.

LO QUE ERES HOY ES EL RESULTADO DE LAS DECISIONES QUE TOMASTE AYER.

Hoy es el primer día del resto de nuestras vidas para poder llegar a un lugar nuevo, para poder decir "no puedo dejar de decir lo que he visto y oído" y para decir "no puedo dejar de ser quien elegí ser".

¿Cómo termina esta historia de Pedro y su relación con la presión en sus emociones?

"Y los que creían en el Señor aumentaban más, gran número así de hombres como de mujeres; tanto que sacaban los enfermos a las calles, y los ponían en camas y lechos, para que al pasar Pedro, a lo menos su sombra cayese sobre alguno de ellos. Y aun de las ciudades vecinas muchos venían a Jerusalén, trayendo enfermos y atormentados de espíritus inmundos; y todos eran sanados" (Hechos 5:14-16).

En Hechos 5:14-15 dice que los que creían en el Señor aumentaban más. Era un gran número de hombres como de mujeres. Sacaban los enfermos a las calles y los ponían en camas y lechos para que al pasar Pedro, al menos su sombra cayese sobre alguno de ellos y sanase.

Si eres uno de los que pasaron por este relato y han tomado conciencia de que han negado mucho a Jesús con sus vidas y cuya manera de ser ante la presión era rápidamente negar, jurar o maldecir, hoy es un buen tiempo para intervenir en esa emoción y saber que tenemos un gran futuro por delante para comenzar a construir hoy.

Hoy es el día en que puedes cambiar eso y que hasta tu sombra sane.

Llegó el día en que empezarás a caminar y tu influencia será tan grande, que la gente pasará alrededor de ti, la vas a tocar y habrá bendiciones. Va a aparecer prosperidad, y tu misma familia va a estar orgullosa de decir: "Ese es mi papá, esa es mi mamá, y estoy gozoso de que sean mis padres".

Su orgullo no radicará en que les alimentas o les envías a la universidad, sino porque les enseñaste a amar, les enseñaste que hay un Cristo poderoso y que cada día es el primer día del resto de sus vidas.

No importa lo que pasó hasta ahora y cuántas veces lo negaste ante la presión, porque estamos dispuestos a ponernos de pie y decirle al mundo que somos

TU INFLUENCIA SERÁ TAN GRANDE, QUE LA GENTE PASARÁ ALREDEDOR DE TI, LA VAS A TOCAR Y HABRÁ BENDICIONES.

personas que están dispuestas a contarle al mundo que ser cristiano es lo mejor que le puede suceder; que amamos a este Cristo maravilloso; que lo alabamos con todo el corazón; y que le agradecemos por la oportunidad que nos da de servirle, de adorarle, de amarle.

CAPÍTULO 9

LA TÉCNICA DE LA COCREATIVIDAD

Podemos intervenir en nuestras emociones con un diseño de futuro. Cuando venimos de una visión grande y comenzamos a tener claro hacia dónde queremos ir, veremos que las circunstancias, situaciones, modelos mentales o personas no podrán doblegarnos fácilmente en nuestro camino hacia el futuro.

Por eso es tan importante comprender la profundidad del concepto de fe. No es ver para creer, sino creer para ver.

En muchos pasajes de las Escrituras, Jesús explicaba en detalle la importancia de caminar por fe. La fe es el mejor vehículo para que afloren todas aquellas emociones que necesitamos para el camino, y podamos reinterpretar aquellas que no nos sirven para ser quien elegimos ser.

NO ES VER PARA CREER, SINO CREER PARA VER.

LA FE VIENE DEL FUTURO.

"Jesús les decía, ante el ejemplo de la higuera seca: "Les aseguro que si alguno le dice a este monte: 'Quítate de ahí y tírate al mar', creyendo, sin abrigar la menor duda de que lo que dice sucederá, lo obtendrá. Por eso les digo: Crean que ya han recibido todo lo que estén pidiendo en oración, y lo obtendrán" (Marcos 11: 23-24, NVI).

"Crean que ya lo han recibido" es una toma de conciencia de lo que viene, diseñando lenguaje, acciones y mirada, desde ese lugar. Por eso nos gusta repetir hasta el cansancio que "visión" es un punto de partida y no un punto de llegada. Es desde donde miro. Si veo mi vida desde las circunstancias o desde el pasado, tendré emociones generadas que me conducirán a eso. Si miro la vida desde mi visión y desde mi fe, mis emociones se alinearán con ello.

Hemos ayudado a miles de personas en todo el mundo a ir hacia un resultado extraordinario a través del Metodocc y sus diferentes procesos de entrenamiento. En todos ellos hacemos uso de la técnica de la cocreatividad, un proceso que hemos diseñado junto con mi esposa Laura para ayudar a las personas a sacar su mejor potencial, hacer un buen uso de sus talentos y forjar su carácter.

> SI MIRO LA VIDA DESDE MI VISIÓN Y DESDE MI FE, MIS EMOCIONES SE ALINEARÁN CON ELLO.

Apliquemos la técnica en cuanto a las emociones. Podemos intervenir en ellas, que nuestra fe prime en nuestras vidas, que podamos caminar en ella y ver cómo Dios actúa en cada parte de otros. Le llamamos la técnica de la cocreatividad porque entendemos que en este tiempo, más que nunca, debemos comprender el diseño de Dios para el hombre, que es cohabitar con Dios y su creación y adorarle en cada acto de su vida.

Dios invitó a Adán y Eva a diseñar con Él el mundo en el que deseaban vivir. Les dio la posibilidad de ponerles nombres a los animales; de caminar y producir libremente en el Edén. El diseño de Dios no es que Él crea y tú eres un simple espectador. Tampoco es un modelo donde tú eres el diseñador y dios de tu vida, como nos quieren hacer creer en estos tiempos. Es una conexión constante con Dios. Es un caminar continuo de su mano.

Dios diseñó al hombre con la posibilidad de que en el centro de él mismo esté su presencia, del mismo modo que en el Lugar Santísimo estaba ese fuego encendido que representaba la presencia del Dios vivo. Cada uno de nosotros hoy somos templo del Dios viviente y debemos llevar la presencia de Dios dentro de nosotros. Hemos sido llamados a que Dios llene nuestro interior, a que estemos completos en Él, a que nos perfeccione y nos complete de una manera especial.

Sin embargo, cuando vengo desde el positivismo, cuando me creo que voy a poder cambiar todo, lo que estoy haciendo es sacar a Dios del centro de mi vida y ponerme a mí en el centro de ella. Así hay gran cantidad de herramientas y distinciones, y muchísimo coaching secular que te ayuda a que apliques herramientas. Te puedo asegurar que te va a ir bien, pero se te van a diluir.

La Biblia llama a esto cisternas rotas que no retienen agua. Son como esos tanques de agua con fisura, que se va yendo el agua de a poquito. He conocido a muchos que han aplicado principios y herramientas, y con el tiempo venían más vacíos que antes porque esas herramientas les hicieron creer que ellos podían, solo con esas herramientas. No se dieron cuenta de que ese era el engaño más sutil de estos tiempos: que saquemos a Dios del medio y nos pongamos a nosotros mismos. Y cuando nos ponemos a nosotros mismos, nos damos cuenta de que es imposible; es como querer poner un cuadrado dentro de un triángulo. No se puede.

Entonces queremos llenar ese vacío con cosas y empezamos a ser mejores en el trabajo y cada vez nos va mejor, y cada vez queremos más porque es una sed insaciable que Dios creó para que Él sea el centro de nuestras vidas. Por eso no tenemos mejor mensaje para decirle a la gente que dejen de tener cisternas rotas y empiecen a vivir con Aquel que puede convertirse en nuestra fuente de agua viva, para que esa fuente nutra nuestra vida en cada momento y situación.

Por eso es tan importante desarrollar tu manera de mirar, saber quién eres en Dios, estar en alineación con Él y después entrar a ponerle herramientas. Probablemente en estas herramientas no solo logres el resultado extraordinario, sino que el mismo venga con la bendición de Dios que se note en

PODEMOS CO-CREAR CON DIOS UN MUNDO DIFERENTE.

tu rostro, que la gente sepa que si no generaste la visión o la meta, seguro el logro lo tienes.

La técnica se llama "la técnica de la cocreatividad" porque nosotros somos los primeros que les decimos a aquellos que creen, que pueden crear en el mundo un mundo diferente que no es posible. No podemos crear un mundo diferente, pero sí podemos co-crear con Dios un mundo diferente.

El diseño de Dios desde el comienzo era que el hombre y la mujer co-crearan con Él, y que le pusieran nombre. Esto no significaba "anda y haz lo que quieras", sino "dale identidad, ayúdalos a través del lenguaje a generar un mundo diferente". Los ángeles no tienen la capacidad de participar con Dios de algo tan bello como la creación. Dios nos dio esta posibilidad de ser co-creadores con Él.

A todos aquellos que nos han querido engañar haciéndonos creer que podemos ser el centro de nuestras vidas, que podemos atraerlo con la mente, vamos a empezar a decirles: "embusteros, con nosotros no jueguen". Llegó el tiempo de que los cristianos no estemos solo listos, sino también preparados, firmes, y mostremos a este mundo que somos la reserva moral de la humanidad, que tenemos principios y valores, que tenemos que influenciar nuestros medios y, además, sabemos sonreír y disfrutar de la vida.

PRIMER PASO: ENUNCIO LA VISIÓN

En el primer paso, lo primero que debemos hacer para desarrollar la técnica de la cocreatividad es: "Enuncio la visión".

Recuerda: Si tengo futuro, del pasado se aprende. Si no tengo futuro, el pasado me aplasta.

SI TENGO FUTURO, DEL PASADO SE APRENDE.

La manera de intervenir en las emociones y que estas nos conduzcan al éxito es enunciar, hablar, contar la visión, el lugar hacia donde elijo ir.

Dios diseñó nuestros cuerpos y sus emociones para que estas se alineen con nuestra mirada y nuestros pensamientos. Si estás mirando hacia el mañana, todo en tu ser te ayudará y te conducirá hacia allí. No importan las circunstancias, no importan las situaciones, ni siquiera importa tu historia; importan tu fe y tu visión en un futuro extraordinario por vivir.

El primer paso en esta técnica que te llevará a nuevos lugares es enunciar. Es poner en tu lenguaje. Lo que no está en tu lenguaje no existe. Por eso debes decirlo; no solo pensarlo. Enuncia la visión hacia donde quieres ir y comenzarás a notar tu cuerpo y tus emociones prepararse para ello. Llegó el tiempo de dejar de mirar hacia atrás, de mirar el presente y de empezar a mirar el futuro.

Enuncio la visión. Tengo que saber hacia dónde quiero ir, no porque sea un inconsciente soñador que vivo en la ilusión, sino porque soy aquel que le pongo pasión más acción a mi visión. A mi sueño le pongo pasión y acción, y lo convierto en mi visión. Pero tengo que enunciarla. Esta visión tiene que ser extraordinaria, más grande que uno mismo porque si no, voy a llegar a ella con la misma manera de ser que tuve hasta ahora.

Segundo paso: Declaro el compromiso

Después de que diseño y enuncio la visión, vuelvo al presente y declaro el compromiso.

Hay mucha gente que sueña con la visión, pero que cuando llega, dice: "es demasiado grande, no se puede", y se convierten en licenciados en justificaciones, en vez de declarar el compromiso.

Lo segundo que debo hacer es declarar el compromiso.

Seguramente una gran cantidad de pensamientos y emociones vendrán a ti ahora mismo: que no se puede, que es difícil, que ya lo intentaste, que estás muy viejo o muy joven, o muy lejos para ello. Todos estos estímulos te quieren hacer creer que son verdaderos.

> **LO SEGUNDO QUE DEBO HACER ES DECLARAR EL COMPROMISO.**

Pero son solo opiniones y sentimientos forjados en tu ayer, que no te sirven para ir hacia el mañana.

Tienes que cambiarlos. La manera de hacerlo es declarar el compromiso. Hazlo. Abre tu boca y de manera audible di: "Yo declaro que..." (y aquí le añades tu visión). Vuelve a hacerlo. Mira desde la visión. Tus emociones se alinearán con ello. Están diseñadas por Dios para eso. ¡Aprovecha, que se puede! Decláralo, decláralo. Hazlo parte de tu lenguaje y ya no hablarás de lo que no tienes; comenzarás a hablar de lo que te falta.

Recuerda que ¡la fe mueve montañas! "La fe no cruza los brazos, la fe no tiene dudas, por la fe en su Palabra cruzaremos el mar y lo haremos cantando", como dice la alabanza La fe, del salmista y pastor René González. Esa es la actitud de este segundo paso hacia lo extraordinario.

TERCER PASO: CHEQUEO MI VISIÓN EN RELACIÓN CON MI MISIÓN Y LA UNCIÓN DE DIOS EN MI VIDA

Dios ha diseñado un propósito para mi vida y ha puesto verbos maestros para llevarlo a cabo. Debo conocer en qué áreas de mi vida soy bueno y disfruto lo que hago. Allí encontraré la paz y mis emociones crecerán en fortaleza. No es tiempo de ir hacia un futuro cierto con una manera de ser incierta. Debes dedicarle tiempo a saber quién eres.

En nuestros entrenamientos de Metodocc le dedicamos mucho tiempo a ayudar a las personas a conocer su misión. Es clave y fundamental para alinear las emociones con esto. Mucho del desgaste de las personas es por estar en el lugar equivocado, haciendo lo equivocado con la gente equivocada. Podemos cambiar eso.

SI TÚ PUEDES ALINEAR TU VISIÓN CON TU MISIÓN, DIOS TE ASEGURA SU UNCIÓN SOBRE TI.

Hoy es el día de hacerlo. Cuando conozco la misión, mis verbos maestros, los talentos que Dios me ha dado, sus designios para mí y los tiempos que Él desea que yo lleve a cabo, me alineo con su voluntad. Te puedo asegurar que la unción de Dios se derramará sobre tu vida y tu familia en ese mismo instante. No importa lo que haya sucedido hasta ahí. Si tú puedes alinear tu visión con tu misión, Dios te asegura su unción sobre ti porque Él quiere bendecirte y que cada uno de esos momentos los uses para darle gloria, para ser testimonio de su grandeza, para que la gente sepa que tu Dios es todopoderoso.

CUARTO PASO: OBSERVO DESDE LA VISIÓN

Voy un paso atrás y dada la visión, misión y unción, me pregunto: ¿Qué tipo de observador estoy siendo desde este resultado extraordinario? Recuerda que visión es un punto de partida; no un punto de llegada. Si yo digo: "Desde hoy mi empresa va a tener 40 empleados" y tengo 5, empiezo a mirar desde los 40, me comprometo a ello, veo si tiene que ver con mi misión, veo si Dios está ungiendo esos tiempos, porque quizás el tiempo sea en 2 o 3 años, pero si es ahora, empiezo a trabajar desde ese lugar y todo lo miro desde los 40.

El cuarto paso es empiezo a mirar desde la visión, no desde las circunstancias, no desde mi pasado ni desde mi realidad circunstancial.

Estoy hablando de la técnica de la cocreatividad, no de un estilo de vida. Estoy dando una técnica para poder moverse. Esto no quiere decir que no te va a importar más tu realidad circunstancial. Te va a importar porque es el punto desde donde partes hacia la visión.

El modelo de ver la vida desde la visión permitirá intervenir en las emociones de una manera directa. Dado quien elijo ser, hay cosas que me afectarán y cosas que no. No tengo emociones y en base a ellas observo, sino que observo y alineo mis emociones con la visión a la que me comprometí.

Seguramente habrá situaciones de dolor que, como mencionamos anteriormente, deberás aceptar y vivir. No hablamos de dolor, sino de aquellas emociones que te producen sufrimiento por el

OBSERVO Y ALINEO MIS EMOCIONES CON LA VISIÓN A LA QUE ME COMPROMETÍ.

carácter interpretativo que les das. Al llegar a este cuarto paso, si todavía te encuentras tomado por las emociones que te llevan a pensar en el ayer o a solo sentir el hoy, tendrás que revisar la visión para que esta sea tan grande que esté por encima de todo en tus pensamientos. La angustia es producto de un corazón estrecho. Observar la vida desde la visión te permite ensanchar el corazón, sabiendo que en ese futuro que estás construyendo, Dios tiene grandes cosas para ti.

Quinto paso: Chequeo mis modelos mentales

Recuerda que nuestros modelos mentales, nuestra biología, nuestra historia, nuestro lenguaje, nuestra cultura, buscarán siempre excusas para lo que sentimos. Si eso está conforme hacia donde quiero ir, excelente. Pero ¿qué pasa cuando les permito a mis historias que tengan lugar sobre quien elijo ser? Mis emociones me conducirán a eso.

Gran cantidad de personas que no viven por fe ni con una visión poderosa se conforman con excusarse por no poder ir hacia el siguiente nivel. Pero cuando te tomas en serio que hay emociones que te conducirán al éxito, buscarás intervenir en tus estados de ánimo y emociones para que las mismas estén predispuestas a ir hacia tu visión, hacia aquello que elegiste ser. Pregúntate cuál de todos tus modelos te sirven para avanzar y cuáles no, y seguro tendrás la respuesta de qué debes cambiar para lograr lo extraordinario.

Sexto paso: Reviso los juicios que me tienen

Me pregunto: ¿Cuáles son los juicios que me tienen? No los que tengo; los juicios maestros son aquellos que te llevan. Muchos tienen juicios que los limitan, los agarran, los retienen. ¿Cuáles son esos juicios que no te están permitiendo llegar a la visión? Los juicios son mis opiniones más íntimas que alimentan lo que siento y cómo se tiñe mi mundo alrededor. Si estos juicios me ayudan, excelente. Si no me ayudan, tendré que comenzar a cambiarlos, a reinterpretarlos, a definirlos. Pero debes tomar conciencia de cuáles son.

¿CUÁLES SON LOS JUICIOS QUE ME TIENEN?

A veces las personas no pueden ir hacia el resultado extraordinario porque viven alimentando sus fracasos, sus sentimientos de tristeza y depresión. Siempre habrá justificaciones para la derrota y la amargura. Pero el punto no es ese, sino que más allá de las justificaciones, yo puedo elegir cambiar mi mundo cada día, y ser responsable de mi futuro y de que mis emociones me ayuden y me lleven hacia allí.

Para eso debo cuidar mis opiniones, que no sean opiniones que me limiten, sino que me expandan. Si esto no te pasa, una buena posibilidad es comenzar a estudiar las promesas que la Palabra de Dios tiene para ti y cada día memorizar una, repetirla y hacerla audible… que esa promesa le hable a tu cuerpo, a tu visión, a tu entorno. Y que desde allí puedas filtrar cada opinión y juicio que estabas teniendo.

Séptimo paso: Observo la brecha y lo que me falta

Cuando sé hacia dónde voy y me comprometo a ello, empiezo a tomar conciencia de la brecha entre quien soy y quien elijo ser. Eso puede producir desazón, pero no lo permitas. Es tu "viejo yo" que busca llevarte nuevamente hacia él. Vuelve a hablarle y a decirle que tú vas para tu futuro y que todo tu ser debe alinearse contigo. Dile que tú crees que si le dices a este monte *"quítate y échate en el mar"* y no dudas en tu corazón, será hecho. Afírmale que Dios está ensanchando, enseñándote, llevándote en sus alas hacia nuevos horizontes.

> EMPIEZO A TOMAR CONCIENCIA DE LA BRECHA ENTRE QUIEN SOY Y QUIEN ELIJO SER.

No importa el ayer o lo mal que lo pasaste. No importa todo lo que sufriste o el dolor que has vivido, porque serán espacios de aprendizaje para construir un futuro mejor y para ser más grande que tus circunstancias. Te servirán para poder vivir y sentir conforme al poder de Dios en ti y caminar conforme a su grandeza en tu vida. Desde allí eliges ver la vida y hacer que la misma se vuelva una gran posibilidad. Veo la brecha para saber lo que voy a cruzar; no para quedarme 40 años a la puerta de la tierra prometida, sino para cruzar en fe. Y te aseguro que verás la gloria de Dios sobre ti.

OCTAVO PASO: CONVERSACIONES CONDUCENTES

Lo que no está en tu lenguaje, no existe. Y con la misma línea de razonamiento, lo que está en tu lenguaje es lo que existe para ti.

En este paso, nos preguntamos qué tipo de conversaciones estamos teniendo y con quién. ¿Nos conducen a la visión que elegimos o solo describen lo que nos pasa?

En este octavo paso empiezo a desarrollar el cruzar la brecha hacia mi visión, y lo que hago en el punto 8 es empezar a tener conversaciones conducentes. Muchos de nuestros países están acostumbrados a la acción. Lo primero que hacen cuando desarrollan una visión es actuar. Sin embargo, de lo que primero hablamos es de conversar. ¿Con quién tengo que conversar? ¿Qué conversaciones me faltan?

Es un tiempo donde necesito conversar aquellas cosas que me ayuden a ir hacia lo extraordinario. El conversar generará un tipo de emoción especial que me moverá hacia nuevos horizontes. Las conversaciones conducentes intervienen en la emoción de manera certera. Debo pasar tiempo reflexionando en el tipo de conversaciones que tuve en el día, porque ellas serán la mejor herramienta para sentir y vivir conforme a quien elijo ser y no conforme a quien fui.

NOVENO PASO: DECLARACIONES DE CONTINGENCIA

Quien está atento no tiene sorpresas. El poder ir hacia un futuro poderoso y analizar las posibles contingencias te hará rápidamente alguien que pueda reinterpretar las emociones que esos avatares producen. Pero lo más interesante en declarar contingencias antes de que pasen, es que nos predisponen al aprendizaje. En ese contexto, nuestras emociones se alinearán rápidamente con fortalecernos y

> QUIEN ESTÁ ATENTO NO TIENE SORPRESAS.

no simplemente con debilitarnos. Declarar contingencias no habla de ver problemas donde no los hay o de quejarse antes de accionar, sino de diseñar los posibles escenarios y ver en ellos qué habilidades nos faltan, qué conversaciones debemos comenzar, qué acuerdos debemos hacer y qué debemos aprender para llegar a la visión. Ese contexto será espectacular para emociones que conduzcan al éxito.

Décimo paso: Habilidades a incorporar

Si tengo que correr la maratón, tendré que incorporar la habilidad de atleta. Si voy a poner una gráfica, voy a necesitar una máquina. Si mi visión es dar Metodocc en inglés, tendré que tener un excelente inglés. Muchos quieren llegar a la visión extraordinaria siendo la misma persona que antes. Cuando no hay un compromiso serio con incorporar habilidades, aparecerán rápidamente sensaciones de angustia. La angustia, como la misma palabra define, es terreno angosto. Seré tomado por emociones que buscarán llevarme a quien fui ayer, si no hay un serio compromiso con el cambio. Y el compromiso nace de la visión, no de la circunstancia.

El desarrollo en incorporar nuevas habilidades nace de poder caminar visitando quien elijo ser, no luchando con quien no quiero ser. Por eso, el incorporar habilidades es el juego hacia el mañana. Posiblemente cuando veas qué habilidades debes incorporar, te asaltarán las dudas. Es el viejo ser llamándote y diciéndote que no puedes. Es la costumbre corporal de no poder. Debes hablarle; contarle tus compromisos, convencerle de que un excelente futuro está llegando y que para eso debemos hacer ese esfuerzo extra. Mañana, el mismo se convertirá en costumbre, pero hoy hay que apoyarlo con compromiso, con declaraciones poderosas, con acciones.

> EL COMPROMISO NACE DE LA VISIÓN, NO DE LA CIRCUNSTANCIA.

Undécimo paso: Acciones poderosas

La mayor fuerza y energía que un avión usa es cuando despega. Buscar una simple transición entre quien soy y quien elijo ser sin un cambio profundo, será difícil. Necesitas ir por más, ir por algo más grande; generar espacios donde tengas que desarrollarte en nuevos niveles. Tienes que generar acciones poderosas; no accioncitas.

Sacó el pie del bote y el agua se solidificó cuando Pedro puso el pie en el agua; no antes. Les digo a los esposos: "La primera acción poderosa que tienes que hacer al levantarte es mirar a ese bomboncito que Dios te dio y decirle: 'te amo con todo mi corazón, y si ayer no logré demostrártelo, hoy tengo la gran oportunidad y hoy lo voy a hacer'". Hazlo cada mañana. Acciones poderosas son acciones simples cotidianas de cada día.

DUODÉCIMO PASO: MEDICIÓN DEL LOGRO Y ESPACIO DE APRENDIZAJE

Mido el logro porque quizás no llegue al resultado, pero mis brazos están más fuertes, empiezo a hablar diferente, miro la meta que está cuantificada y veo qué me faltó. Si la logré, mido el resultado, el nivel de gestión, veo si hemos llegado a él, si hemos llegado con una manera de ser poderosa y lo más importante, mido el espacio de aprendizaje. ¿Qué aprendí? Si has subido mucho y no has aprendido nada, has sufrido en vano. Dios no quiere que sufras. Dios quiere que aprendas, que cada uno de nosotros vaya por lo extraordinario y en lo extraordinario genere un espacio de aprendizaje.

La técnica de la cocreatividad nos va a ayudar a entender que sin Cristo en medio de nuestras vidas, nada podemos hacer.

- Debemos diseñar una visión poderosa.

- A esa visión poderosa hay que declararle el compromiso.

- Tengo que chequear que tenga que ver con mi misión y la unción de Dios sobre mi vida.

- Tengo que ver si la observación que tengo está relacionada con la visión.

- Tengo que trabajar mi modelo mental.

- Tengo que chequear mis juicios maestros.

- Tengo que poder tener observaciones agudas conforme a la visión y conforme a los detalles desde ella misma.

- Tengo que empezar a trabajar conversaciones conducentes.

- Tengo que declarar las contingencias para estar preparado.

- Tengo que ver cuáles son las habilidades que tengo que incorporar.

- Tengo que desarrollar acciones poderosas y vivir en un espacio de aprendizaje, en una medición constante del logro y la meta.

¡Salgan al mundo a mostrarle a la gente que ser cristiano es lo mejor que les puede suceder!

CONCLUSIONES

L as emociones se intervienen en la raíz, no en el árbol. No es saborear la emoción como fruto ni trabajarla tratando de trabajar en el fruto. Se trabaja la emoción trabajando en las raíces.

Muchas veces, ciertas emociones son productos de no tener el *"árbol plantado junto a corrientes de agua que da su fruto a su tiempo y su hoja no cae, y todo lo que hace prospera"* (Salmo 1:3).

Entonces, si tienes tu árbol plantado junto a corrientes culturales, banales, relacionales, que han dejado crecer ciertas raíces de autosuficiencia, placer personal, amor al dinero, tenemos que cambiar la raíz para poder intervenir en esas emociones. Tenemos que comenzar a plantar el pequeño arbolito bajo la sombra del Altísimo, porque probablemente cuando tú plantes tu árbol bajo su sombra, Él será quien se ocupe de que tu hoja esté siempre verde, y que des fruto a tiempo y fuera de tiempo.

Intervenir en la emoción no es fijarte una meta y no pensar en la emoción. Si algo ha surgido, voy a pensar en dónde está en la raíz que tengo que trabajar y qué nuevas semillas tengo que plantar en mi vida. Tengo que buscar, obviamente, plantarlas en buena tierra. Por eso es tan clave la brecha ante la emoción. No es darle otra interpretación, sino trabajar en las raíces, entender que tienen que ver con malestares. Muchas veces, ciertas emociones surgen de condiciones biológicas que necesitas solucionar con un médico y tendrás que intervenir en tu cuerpo cuando se siente mal, para hacer lo que debes hacer. En eso uno diseña acciones y le empieza hablar a la emoción.

Uno puede caminar sintiendo y disfrutando de la vida, buscando alinearla con la visión que eligió y la misión que Dios le dio. Puedo disfrutar de cada día, respirando profundamente y llenando los pulmones de aire puro, agradecido a Dios por estar vivo y por el próximo día que comienza, donde podré amar y bendecir.

Llegó el tiempo en que las emociones que vivas sean para servirle, glorificarle e imitarle, para que otros también puedan decidir vivir apasionadamente a Cristo. Y no darle lugar al miedo porque siempre, siempre, Él estará con nosotros.

AUNQUE TENGAS TEMOR, ÉL ESTARÁ CONTIGO.

Intervenir en las emociones no es no tener miedo o no pasar por momentos de presión, sino confiar en Él. Es intervenir en cada emoción producto del medioambiente, de las circunstancias, de las personas, de uno mismo, confiando en Él.

No importa el tipo de observador que soy (biológico, histórico, cultural, lingüístico) y la tendencia que produzca en mí, sino la confianza que yo deposite en Él, no solo para mi presente, sino también para mi futuro.

Grandes hombres tuvieron muchas emociones fuertes, y en cada uno de esos momentos, Dios les dijo: *"Yo estaré contigo".*

YO ESTARÉ CONTIGO ANTE EL TEMOR DEL INMIGRANTE.

Había trabajado 14 años en tierra extranjera. Los que vivían a su alrededor no lo miraban bien. El temor por lo que su hermano haría con él si volvía, lo atormentaba cada día. "¿Me quedo donde nadie me quiere o ya no me tratan bien, o me voy donde sé que las circunstancias serán difíciles y me tendré que hacer cargo de errores del pasado?". En medio de esa lucha entre la soledad del inmigrante y los problemas en su propia tierra, Dios le habló diciéndole: *"...Yo estaré contigo"* (Génesis 31:3, NVI).

YO ESTARÉ CONTIGO ANTE LA ELECCIÓN DE SER UN GRAN LÍDER.

Hacía años que se había llamado a ser un espectador de la vida. Apacentaba ovejas alejado del rol protagónico que Dios le había asignado. Desde pequeño sabía que era alguien especial. Sin embargo, equivocando los tiempos y actuando en lugar de Dios, terminó muchísimos años alejado de quien había sido llamado a ser. En el desierto de su soledad, Dios lo llamó a salvar a su pueblo. Él le respondió que tenía miedo de lo que podría pasarle, a lo que Dios le respondió: *"Yo estaré contigo"* (Éxodo 3:12, NVI).

YO ESTARÉ CONTIGO ANTE EL MIEDO DE CAMBIAR LAS CIRCUNSTANCIAS.

La miseria invadía su país. Gran recesión y falta de alimentos se sumaban a guerras constantes con quienes solo querían su mal. Todos estaban angustiados, hambrientos y desesperados. Entre ellos estaba aquel hombre del clan más débil, considerándose además el más insignificante de la familia. Un ángel del Señor le habla y lo alienta a ser un líder de multitudes que ayude a su pueblo a salir de la opresión. En medio del temor y de las circunstancias que hablaban muy fuerte, él cree que no puede ser ese valiente que se necesitaba para los tiempos que corrían. Y Dios le responde: *"Yo estaré contigo"* (Jueces 6:16, NVI).

YO ESTARÉ CONTIGO, JOVEN TEMEROSO DE SER ESCUCHADO.

Los valores se habían trastocado y el pueblo se había alejado de Dios. Él era un joven nacido en una familia de creyentes comprometidos que servían a Dios cuando muy pocos lo hacían, cuando casi nadie recordaba que Dios habitaba en su templo. En el desinterés, en el desierto de la apatía, en el camino de los pecadores alejados de Dios, él es llamado a liderar a su pueblo en un nuevo resurgir de espiritualidad. Pero se ve muy joven, siente que sus habilidades para hablar no alcanzan y que otros podrán matarlo cuando abra su boca exhortándoles a salir de donde están para volver a los pies de Jehová. Y Dios le dice: *"Pelearán contra ti, pero no te podrán vencer, porque Yo estoy contigo para librarte"* (Jeremías 1:19, NVI).

YO ESTARÉ CONTIGO CUANDO HABLES EN MI NOMBRE.

Llevaba meses hablando y hablando acerca de todo lo maravilloso que Dios tenía para sus vidas. Pero no lo escuchaban, lo miraban mal y algunos querían matarlo. A pesar de que al paso muchos iban creyendo, la cantidad de circunstancias del diario vivir que hacía de su vida una presión constante le quitaban el ánimo. "¿Y si mejor me callo? ¿Y si abro mi boca y me matan en este lugar tan lejos de mi casa?". Pero aquella noche Dios le habló: *"No tengas miedo; sigue hablando y no te calles, pues estoy contigo. Aunque te ataquen, no voy a dejar que nadie te haga daño"* (Hechos 18: 9-10, NVI).

SÉ COMO ELLOS...

Hombres llamados a recorrer tierras lejanas y seguir siendo testimonio del Todopoderoso...
Hombres llamados a ser líderes de su pueblo y liberarlo de las garras del maligno...
Hombres llamados a ser valientes ante la miseria y ante quienes devastan el trabajo de otros...
Hombres llamados a ser una voz en nombre del Señor para que el pueblo se arrepienta, en medio del desinterés y el paganismo...
Hombres llamados a evangelizar a otros poniendo en juego sus propias vidas...

Todos tuvieron temor. Todos tuvieron que elegir qué hacían con sus emociones. Todos creyeron que eran débiles, pequeños, sin habilidades. Todos se angustiaron y pensaron que Dios se había equivocado de persona.

Sin embargo, a cada uno de ellos, Dios les dijo: "Estaré contigo".

¿Sabes que tienes que lograr resultados extraordinarios esta semana?

HOY ES EL PRIMER DÍA DEL RESTO DE TU VIDA. SI TIENES MIEDO, NO TE PREOCUPES. ¡DIOS ESTARÁ CONTIGO!

¿Reconoces que eres quien debe ocuparse de marcar la diferencia en tu ciudad, en tu trabajo, en tu familia?

¿Tienes miedo, te sientes débil, crees que no calificas para el cargo? Déjame decirte que Dios quiere que sepas que Él estará contigo.

Él no acompañó a estos hombres solo en momentos de éxito, sino también de temor, de inseguridad, de duda. Ellos le creyeron y actuaron. Y cambiaron ciudades, realidades, situaciones.

Tú también puedes hacerlo. Hoy es el primer día del resto de tu vida. Si tienes miedo, no te preocupes. ¡Dios estará contigo!

Le oro a Dios porque puedas, de hoy en adelante, intervenir en cada emoción desde ese maravilloso futuro que Dios tiene deparado para ti.

NOTAS BIBLIOGRÁFICAS

CAPÍTULO 3

1. Teme, Héctor, Relaciónate y lógralo, Serie de coaching y reflexiones, Metodocc Editores 2013. Consultado en línea el 22 de enero de 2015: https://www.logos.com/resources/LLS_ CCHNGCRSTNPRLGR3/coaching-cristiano-para-lograr-lo-extraordinario-volumen-3-manera-de-relacionarse-y-lograrlo

CAPÍTULO 4

1. Consultado en línea el 30 de enero de 2015: http://en.wikipedia. org/wiki/The_Selfish_Gene

2. Consultado en línea el 30 de enero de 2015: http://www. clarin.com/sociedad/estudio-llena-influye-hombres-animales_0_409159152.html

CAPÍTULO 6

1. Teme, Héctor y Laura, Logra lo extraordinario, Serie de coaching y reflexiones, Metodocc Editores, 2013

2. Consultado en línea el 21 de enero de 2015: http://lema.rae.es/drae/?val=resiliencia

3. Consultado en línea el 30 de enero de 2015: http://www.clarin.com/sociedad/recuerdos-podrian-borrarse-mediante-terapia_0_398960173.html